DAS GROSSE WELPENBUCH

-HUNDEERZIEHUNG-
-VON KLEIN AUF-

Von der Auswahl der Hunderasse & des Züchters bis hin zum richtigen Training und der effektiven Welpen Erziehung – Das Beste für die Hundewelpen!

FELIX STURM

★★★

Herzlichen Dank für den Kauf dieses Buches und viel Freude beim Lesen wie auch Erfolg beim Durchsetzen! Hunde sind die besten Freunde des Menschen heißt es immer, doch oft genug habe ich schon erlebt, wie Hunde schlecht behandelt oder gar ausgesetzt wurden. Dieser Schritt muss nicht getan werden und man kann das Problem einfach umgehen, indem man mit seinem Hund von Anfang an eine gute Bindung eingeht. Dazu gehört keine Gewalt und auch keine Bestrafung, sondern Liebe, Zeit und klare Regeln.

Weil ich diese Botschaft unterstütze und ich so viele Menschen wie möglich erreichen möchte, bitte ich Sie darum, mir Ihre Meinung in Form einer Rezension mitzuteilen. Ich möchte Ihnen die bestmögliche Erfahrung bieten und bin deshalb unter anderem auf Ihr Feedback angewiesen. Haben Sie also Lust und Zeit, würde ich mich freuen, von Ihnen zu hören!

Mit freundlichen Grüßen,

Felix Sturm

★★★

Inhaltsverzeichnis

Warum dieses Buch

Sie überlegen schon lange sich einen Hund in die Familie zu holen? Sind sich aber unsicher, was es zu beachten gibt? Ein Hund bedeutet jahrelange Verantwortung und viel Arbeit. Bevor man sich für einen Hund entscheidet, sollte man sich gut überlegen, ob man dieser Verantwortung gewachsen ist. Tierarztkosten, Versicherungen, Steuer, Hundeschule und viel Zeit für die Erziehung sind ein paar Dinge, die bedacht werden sollten.

In diesem Buch erfahren Sie alles Wichtige zum Thema Welpen. Worauf Sie bei der Auswahl des Züchters achten sollten, welche Phasen der Welpe in seinen ersten Wochen durchlebt, wie Sie eine gute Bindung zu Ihrem Hund aufbauen und welcher Hund am besten zu Ihnen und Ihrem Leben passt.

Was gibt es vor dem Kauf des Welpen zu beachten

Sie und Ihre Familie haben sich nun endgültig dafür entschieden, dass ein Hund bei Ihnen einziehen soll. Doch wenn es der erste Hund ist, sind oft noch viele Fragen offen. Woher soll der Hund kommen, wie viel Aufmerksamkeit braucht er und welcher Hund passt zu unserer Familie. Diese und weitere Fragen sollten vor dem Kauf besprochen und geklärt werden. In diesem Buch gehe ich auf alle wichtigen Punkte ein und Sie sind gewappnet für den neuen Familien-zuwachs.

Der Alltag

Bei jedem Menschen ist der Alltag anders, vor allem wenn Kinder die Familie auf Trab halten. Die Kinder müssen geweckt werden, frühstücken, sich anziehen und dann in den Kindergarten oder in die Schule gebracht werden. Meist gehört dann noch etwas im Haushalt erledigt oder das Mittagessen muss eingekauft werden. Oft ist der Tag strickt durchgeplant und kann schon auch mal stressig werden, und das auch ohne Hund. Wenn ein Welpe einzieht, kann er den Alltag vor allem am Anfang schon auf den Kopf stellen. Der Welpe ist noch nicht stubenrein und muss öfter raus. Auch der ein oder andere Schuh kann anfangs kaputt gehen und das Essen sollte nicht mehr unbeobachtet in der Küche stehen. Der Alltag muss mit einem Welpen neu strukturiert werden. Ein Welpe oder auch ein Hund aus dem Tierschutz oder dem Tierheim kennt meistens noch nicht so viel. Die Umwelt, die neue Umgebung und vor allem die neue Familie sind neu für ihn und daran muss er sich erstmal gewöhnen. Doch wie bekommt man den Alltag mit einem Welpen am besten hin? Wichtig ist es auch am Anfang klare Regeln zu haben. Alle Familienmitglieder müssen am selben Strang ziehen. Überlegt euch, wann die beste Zeit ist mit dem Hund morgens und abends raus zu gehen und wer diese Aufgabe übernimmt. Vielleicht macht es auch Sinn eine halbe Stunde früher aufzustehen oder die Kinder zu Fuß in die Schule zu bringen und das gleich mit dem Spaziergang des Welpen zu verbinden. Ein kleiner Vorteil an einem Welpen ist, dass er noch nicht so viel Bewegung braucht wie ein Junghund. Wie kleine Kinder auch, sind Welpen viel schneller müde und ausgelaugt, als ein Hund mit beispielsweise sechs Monaten. Doch das wird natürlich nicht so bleiben. Auch der Welpe wird größer und braucht dann dementsprechend mehr Bewegung und Beschäftigung. Ein Welpe kann anfangs nicht allein bleiben, somit müssen Unternehmungen in der ersten Zeit so geplant werden, dass der Welpe entweder mitkommen kann oder jemand zu Hause ist und auf ihn aufpasst. Heutzutage dürfen die Vierbeiner in viele Läden mit rein, leider gibt es aber auch viele Geschäfte wo das nicht so ist. Zum Beispiel im Supermarkt oder beim Arzt aber auch in einigen Restaurants sind Hunde nicht gern gesehen. Diese Tatsache muss mit bedacht werden, wenn ein Ausflug geplant ist.

Der Alltag mit einem Hund kann durchaus auch mal chaotisch werden, aber wenn man sich für einen vierbeinigen Freund entschieden hat, nimmt man das gerne in Kauf. Im Laufe der Zeit findet sich eine gute Routine für das Leben mit Hund.

Der Welpe und die Kinder

Wenn ein Welpe in die Familie einzieht, sind die Kinder immer voller Vorfreude. Spielen, Spazieren gehen, ihm Tricks beibringen und ganz viel knuddeln.

Im Grunde ist ein Leben mit Hund und Kindern kein Problem, allerdings sollten hier klare Regeln bestehen. Die Kinder müssen lernen, wie sie mit dem Hund umgehen müssen und dass er es wahrscheinlich nicht so großartig findet, wenn man ihn durch die Gegend trägt oder sich zu ihm ins Körbchen legt. Auch das Futter oder den Kauknochen wegnehmen, kann der ein oder andere Hund doof finden.

Wachsen Kinder mit Hunden beziehungsweise Tieren auf, lernen sie schnell Verantwortung zu übernehmen und empathisch zu sein. Doch ein Welpe und Kinder bedeutet für die Eltern erst einmal viel Arbeit. Besonders bei jüngeren Kindern müssen Eltern darauf achten, dass sich niemand vernachlässigt fühlt. Kleinere Kinder können bei der Pflege des Hundes noch nicht helfen und beide brauchen besondere Betreuung. Für einen Hund sind Menschenkinder meist eher komische Wesen, die ihre Geduld ganz schön provozieren können.

Hunde wissen von klein auf wie sie etwas mitteilen das ihnen nicht gefällt. Ein Knurren oder die Zähnefletschen sind ein sicheres Zeichen dafür, das dem Hund irgendetwas nicht gefällt. Das Problem hierbei ist, das kleine Kinder diese Signale noch nicht verstehen. Ein Zähnefletschen fassen sie eher als lächeln auf. Um dem Hund ganz viel Liebe zu geben, umarmen und küssen Kinder den Hund gerne, eine feste Umarmung ist aber für den Hund eher unangenehm, weil er sich eingesperrt fühlt. Es kann durchaus passieren, dass er sich wehrt, versucht zu flüchten, knurrt oder sogar schnappt.

Deshalb ist es sehr wichtig, sich über die Körpersprache des Hundes zu informieren und Babys und Kleinkinder nicht mit dem Hund allein zu lassen. Dass ein Hund ein Kind gebissen hat, hört man leider öfter. Deshalb informiert euch gut über die Körpersprache der Hunde, denn sie sagen uns schon weit vor dem Biss, das ihnen etwas nicht gefällt. Es ist ihre eigene Möglichkeit mit uns Menschen zu kommunizieren.

Wenn Kinder die Sprache des Hundes verstehen lernen, können auch Warnzeichen des Hundes erkannt werden und die Kinder können sie richtig deuten und reagieren. Konkrete Regeln beim Umgang mit dem Vierbeiner sind ebenfalls sehr wichtig, so kann vermieden werden, dass er sich bedroht oder eingeengt fühlt.

Wenn der Hund frisst, trinkt oder sogar schlaft, sollte er nicht gestört werden. Hunde brauchen auch ihren Freiraum und sollten lernen, dass ihr Körbchen oder das Hundekissen ein Ruheplatz ist, an den er sich zurückziehen kann. Das heißt, Ihr Kind sollte bestmöglich immer Abstand zum Körbchen halten und sich auch nicht zum Hund dazu legen. Auch wenn der Hund nicht schläft, sondern sich nur ins Körbchen zurückzieht, kann das ein Zeichen sein, das er seine Ruhe will und das sollte von allen Familienmitgliedern, einschließlich der Kinder, verstanden und akzeptiert werden. Der Hund darf sich nie vom Kind bedrängt fühlen. Selbstverständlich sollte auch sein, dass Kinder den Hund nicht ärgern dürfen, kein Schwanz ziehen oder ins Gesicht pusten. Nur so lernt auch der Hund, das Kind im „Rudel“ zu akzeptieren und ein vertrauensvolles und harmonisches Verhältnis aufzubauen. Wenn Sie sich unsicher sind, dann fragen Sie doch vorm Kauf einen Hundetrainer, der kann Ihnen auch für den Anfang schon wertvolle und sinnvolle Tipps und Anleitungen geben.

Tabus bei Kind – Hund Begegnungen

Auf den Hund klettert: Das Kind könnte hier dem Hund wehtun, davon abgesehen könnte der Hund sich bedrängt fühlen und im schlimmsten Fall schnappen.

Den Hund stören: Der Hund sollte nie bedrängt und gestört werden, vor allem nicht beim Schlafen, Essen oder Spielen.

Ins Körbchen legen: Das Körbchen ist der Schlaf – und Ruheplatz des Hundes. Er soll sich darauf verlassen können, dass er hier seine Ruhe hat und sich zurückziehen kann.

Laufen: Kinder sollten nicht vor Hunden wegrennen, dies könnten sie als Jagd ansehen. Sie sollten auch nicht direkt auf den Hund zulaufen, das könnte Ihm Angst machen.

Zerrspiele: Kinder sollten mit Welpen keine Zerrspiele machen, da der Hund hier sehr aufgeregt werden kann und unabsichtlich schnappen könnte.

Lange Verpflichtung

So einen kleinen Hund von acht Wochen findet fast jeder süß, sogar Menschen, die Hunde eigentlich nicht so besonders mögen oder vielleicht sogar etwas Angst haben. Doch auch dieser süße Welpe wird mal erwachsen und irgendwann auch alt. Wie alt ein Hund wird hängt von vielen Faktoren ab. So heißt es, das kleine Hunde oft älter werden als große und Mischlinge länger leben als Reinrassige. Dies kann man natürlich nicht pauschal so stehen lassen. Weitere Faktoren, wie erbliche Krankheiten, die Allgemeingesundheit, die Ernährung oder Allergien und Unverträglichkeiten können ebenfalls dazu beitragen. Leider ist es heutzutage auch so, dass einige Hunderassen überzüchtet sind und somit auch anfälliger für Krankheiten sein können, aber auch das ist nicht bewiesen. Die Anschaffung eines Hundes ist gleichzeitig auch die Verpflichtung bis zum Ende für ihn da zu sein und ihn bestmöglich zu pflegen. Im Durchschnitt werden unsere heutigen Haushunde zwischen 10 – 13 Jahre, meine Mischlingshunde wurde 17 Jahre. Das heißt, ein Hund ist im schönsten Fall eine Verpflichtung und ein Begleiter für mindestens 10 Jahre. Dies sollte Ihnen bewusst sein und gut überlegt werden. Der Hund sollte zu Ihren Zukunftsplänen passen. Überlegen Sie sich was mit dem Hund bei Unvorhersehbarem passiert, wie zum Beispiel die Trennung vom Partner. Natürlich geht man davon nicht aus, aber auch das sollte bedacht werden – für alle Fälle. Wer nimmt den Hund dann zu sich? Ebenfalls eine Allergie kann sich jederzeit entwickeln oder das Baby, das erst nach dem Hund kam, hat eine Allergie. Was passiert dann? Könnten dann vielleicht Freunde oder Familie ein neues Zuhause schenken? Es kann durchaus auch mal passieren, dass sich die berufliche Situation ändert und der Hund eventuell nicht mehr mit in die Arbeit kann. All diese Punkte sollten vorab geklärt und bedacht werden. Als Hundehalter sind Sie über Jahre hinweg verpflichtet, sich unter anderem bestmöglich um Ihren Hund zu kümmern, auch wenn er einmal krank wird. Neben diesen Faktoren spielt auch die Hundesteuer dazu. Jeder Hundehalter muss seinen Hund bei der Gemeinde melden und eine jährliche Hundesteuer bezahlen. Diese kann in jeder Gemeinde anders sein. Auf dem Land liegt die Steuer zwischen 5 und 40 Euro in der Stadt sind Sie mit 65 – 190 Euro schon weiter oben dabei. Manche Gemeinden berechnen für einen Kampfhund der Kategorie 2 eine weitere extra Gebühr, die sogenannte Kampfhundesteuer, die durchaus zwischen 600 – 900 Euro liegen kann, abhängig von der Gemeinde. Wieso die Steuer für diese Hunde so extrem ist, rechtfertigen Gemeinden damit, dass von diesen Hunden eine grundsätzliche Gefahr ausgeht. Des Weiteren ist eine Hundehaftpflichtversicherung empfehlenswert, somit ist man abgesichert, wenn der geliebte Vierbeiner etwas kaputt machen sollte. Die monatlichen Kosten bei dieser Versicherung unterscheiden sich enorm. Wie bei jeder Versicherung sollten Sie sich gut informieren und dann entscheiden, was am besten zu Ihnen passt. Was soll die Versicherung beinhalten? Was ist Ihnen nicht so wichtig? Brauchen wir eine zusätzliche Krankenversicherung? Wenn ja, beinhaltet diese auch Operationen? Abgesehen von diesen Verpflichtungen, sollte jedem bewusst sein, dass ein Hund Arbeit bedeutet, auch nach 5 oder 7 Jahren noch. Man sollte sich vorher also gut überlegen, ob man viele Jahre, jeden Tag, bei Wind und Wetter, Lust und Zeit hat, sich mit dem Tier zu beschäftigen. Je nach Aktivitätslevel braucht ein Hund täglich mindestens zweimal 20 Minuten Bewegung, bei vielen Rassen ist dies aber keineswegs ausreichend. Mit bedacht werden sollte auch, dass der Hund auch kognitive Auslastung benötigt, das heißt wiederum, nur weil er alle wichtigen Kommandos kann, ist die Erziehung nicht beendet. Wie bei uns Menschen auch. Wir wollen immer Neues lernen und lernen eigentlich nie aus. Und so ist es auch bei Hunden, sie müssen immer gefördert und gefordert werden.

Wie viel Platz braucht der Hund?

Ein großes Haus mit genauso großem Garten und am besten noch rundherum, hoch genug, eingezäunt. So oder so ähnlich hört man oft von einigen Leuten.

In der Tierschutz - Hundeverordnung steht, dass ein Hund, der regelmäßig in einem Zwinger lebt, eine uneingeschränkt benutzbare Zwingerfläche von mindestens sechs Quadratmeter zur Verfügung haben muss. Soll der Hund in einem Zwinger leben, muss dieser entsprechend seiner Widerristhöhe angepasst sein. Die Länge jeder Seite muss mindestens doppelt so lange sein, wie die Länge des Hundes, darf jedoch nicht unter zwei Meter betragen. So müsste, laut der Tierschutz-Hundeverordnung ein Hund von 50cm Widerristhöhe, eine frei zur Verfügung stehende, Bodenfläche von sechs Quadratmetern haben und ein Hund mit einer Widerristhöhe von über 65 cm mindestens 10 Quadratmeter.

Hunde brauchen im Grunde genommen nicht viel Platz, allerdings muss trotzdem darauf geachtet werden, dass der Vierbeiner ausreichend Bewegung bekommt. Halten Sie nun zum Beispiel einen Labrador in einer 30 Quadratmeter Wohnung, ist das völlig in Ordnung. Allerdings machen diese Umstände wesentlich mehr Arbeit, da Sie mit dem Hund öfter und länger raus gehen sollten, um ihm gerecht zu werden und den Auslauf zu bieten, den er braucht. Diesbezüglich ist es natürlich einfacher, wenn man ein Haus mit Garten hat. Der Hund kann oft uneingeschränkt raus und auch zum Spielen und trainieren ist gleich vor der Türe genug Platz. Spielt das Wetter dann mal nicht mit, weil es extrem heiß ist oder ein Schneesturm tobt, hat man den Vorteil, dass man seinen Hund einfach mal kurz in den Garten lassen kann. Ein Garten verleitet allerdings viele Hundebesitzer dazu, nicht mehr mit ihrem Tier spazieren zu gehen, wodurch sich der Hund hauptsächlich in Haus und Garten aufhält. Wird nicht mit ihm gespielt, hat das Tier zwar viel Platz aber nicht besonders viel Bewegung.

Wie viel Platz wirklich benötigt wird, kommt auch ein wenig auf den Hund an. Ein Bernhardiner oder ein Berner Sennenhund sollte nicht in einer Wohnung gehalten werden. Diese Hunde sind zum einen sehr groß und zum anderen gehören Sie eher zu den gemütlichen Gefährten, die sich gerne im Garten aufhalten. Sie gehen zwar auch gerne spazieren sind aber auch zufrieden, wenn sie den ganzen Tag im Garten liegen können und viel Streicheleinheiten bekommen. Natürlich kann man einen großen Hund auch in einer Wohnung halten, dies ist nicht verboten, allerdings sollte man sich persönlich die Frage stellen, ob man mit dem Hund genug Platz hat und ob es einem selbst nicht vielleicht zu eng wird. Außerdem spielt auch die Lautstärke eine Rolle, denn dadurch, dass große Hunde auch wesentlich schwerer sind, sind sie automatisch auch etwas lauter. Wenn ein Bernhardiner mit seinen mindestens 65 Kilo durch die Wohnung läuft oder vielleicht sogar von der Couch hüpft, könnten sich die Nachbarn schnell gestört fühlen. Ein Hund achtet leider nicht darauf, dass er leise ist. Das Gegenteil wären dann Hunde, wie der Mops oder der Chihuahua. Da diese Rassen sehr klein sind und dementsprechend auch eher weniger Platz benötigen, ist an einer Haltung in einer kleinen Wohnung nichts auszusetzen. Wie viel Platz der Hund benötigt, sollte auch davon abhängig gemacht werden, wie viel Zeit man für den Hund hat. Ist man den ganzen Tag in der Arbeit und an stressigen Tagen so kaputt, dass man nur noch eine kleine Runde gehen will, wäre es doch schön, wenn der Hund Zugang zu einem Garten hätte und Sie nicht mehr ewig weit laufen müssen, sondern Ihren Hund im Garten auspowern können. Vorteilhaft ist es außerdem immer, wenn der Vierbeiner einen

Rückzugsort in der Wohnung hat, dies ist in einer kleinen Wohnung eher schwierig. Fakt ist: unsere Hunde sind sehr flexibel und passen sich uns gerne an. Ob Sie ihren Hund in einer Wohnung halten wollen oder nicht, bleibt allein Ihnen überlassen. Lasten Sie Ihren Hund draußen aus, dann können Sie auch wunderbar in einer einfachen Wohnung mit ihm leben.

Welcher Hund passt in unser Leben?

Dreimal die Woche Fahrradfahren, wann immer es die Zeit zulässt Joggen gehen oder doch lieber ganz entspannt durch die Natur spazieren, viel in den Urlaub fahren oder Wochenendausflüge machen. Jeder Mensch ist anders, die einen sind supersportlich und den anderen geht schon die Puste aus, wenn sie nur an Sport denken. Nicht zu vergessen, es gibt natürlich auch noch Menschen, die sich einen Hund nicht zulegen, weil er süß ist, sondern weil er beschützen soll. Das können beim Schäfer die Schafe sein oder bei einer Familie mit Hof, das Grundstück. Sich einen Hund zuzulegen kann viele Gründe haben und dieser sollte man sich bewusst sein.

Wach- und Schutzhunde

Diese Hunde wurden dafür gezüchtet, den Besitzer oder auch deren Hab und Gut zu beschützen. Ihr Körperbau ist oft sehr kräftig und robust. Oft leben diese Hunde frei auf dem Hof. Ihnen sollte bewusst sein, dass diese Hunde in den Genen haben, fremden Menschen gegenüber skeptisch zu sein.

Dobermann

Diesen Hund züchtete ein damaliger Steuereintreiber namens Louis Dobermann, zu seinem eigenen Schutz. Ein Hund mit einer Widerristhöhe von bis zu 72 cm und einem Gewicht zwischen 32 – 45 Kilogramm wirkt schon eher abschreckend. Dobermänner haben einen temperamentvollen und aufmerksamen Charakter, außerdem sind sie sehr aktiv, beutemotiviert aber auch gelehrig. Durch diese Charakterzüge benötigt ein Dobermann ein hohes Maß an körperlicher und geistiger Beschäftigung. Klare Regeln in der Erziehung sind bei dieser Rasse sehr wichtig.

Riesenschnauzer

Wegen seiner hohen Wachsamkeit gilt der Riesenschnauzer als schützender Begleiter der Fuhrleute und wird heute oft als Diensthund im Grenzbereich geführt. Diese Rasse kennzeichnet sich durch einen selbstbewussten, territorialen und lebhaften Charakter, der alle Aktivitäten mitmacht, aber auch eine konsequente Erziehung braucht. Der Riesenschnauzer erreicht bei einer Größe von bis zu 70 cm ein Gewicht zwischen 35 – 47 Kilogramm.

Belgischer Schäferhund

Diese Rasse ist vielseitig einsetzbar, sie sind ausgesprochen robuste Arbeitshunde. Neben Bereichen wie Rettungswesen und Zoll, sind sie auch gute Wächter und hervorragende Schutzhunde. Der belgische Schäferhund ist hoch intelligent, sensibel und arbeitswillig. Durch den gefestigten Charakter zeigt er weder Angst noch Aggressivität. Arbeitet man intensiv mit dieser Rasse, ist der belgische Schäferhund auch ein guter Familienhund. Allerdings nicht unbedingt für Anfänger geeignet. Mit einem Gewicht von 20 – 35 Kilogramm und einer Größe zwischen 58 – 62 cm zählt er zu den weniger massigen Rassen, dafür ist er aber schneller und wendiger.

Jagdhunde

Diese Rassen wurden dafür gezüchtet bei der Jagd zu helfen. Bei den Jagdrassen wird unterschieden zwischen Stöberhunde, Apportierhunde und Vorstehhunden. Jagdhunde werden zwar auch als Begleithunde gehalten, sind aber eigentlich besser für Hundeerfahrene geeignet, da sie viel Bewegung und geistige Auslastung benötigen.

Deutscher Jagdterrier

Diese Rasse zählt mit einer Widerristhöhe von 33 – 40 cm zu den kleinen Hunderassen und hat gerade mal ein Gewicht von 7 – 10 Kilogramm. Ihre Lebenserwartung liegt zwischen 12 – 15 Jahren und sie sind wahre Energiebündel, die noch heute sehr gerne für die Jagd ausgebildet werden. Der Deutsche Jagdterrier kann durchaus auch ein charmanter und kinderlieber Familienhund sein. Dies stillt aber nicht seine Bedürfnisse, weshalb er nicht als reiner Familienhund gehalten werden sollte. Durch seinen ausdauernden und führenden Charakter verträgt er sich sehr gut mit anderen Hunden.

English Setter

Ein durchaus hübscher Hund, zumindest in meinen Augen, und noch dazu hat er eine Lebenserwartung von 10 und mehr Jahren. Mit einer Größe von bis zu 68 cm und einem Gewicht von 25 – 30 Kilogramm zählt der English Setter zu den großen Hunderassen. Eine Besonderheit dieser Rasse ist, dass sie mittlerweile eher selten geworden ist. Der VDH verzeichnet pro Jahr nur zwischen 50 – 90 English Setter Welpen. Diese Rasse ist sehr elegant, aber dennoch kräftig und wie alle Setter ein Jagdhund durch und durch. Um dieser Rasse gerecht zu werden, braucht man viel Bewegung im Freien. Lebhaftes Temperament und körperliche Leistungsfähigkeit verpflichten den neuen Besitzer, diesen Hund angemessen zu fordern. Durch die attraktive Erscheinung, dem umgänglichen Wesen und der hohen Lernfähigkeit werden sie heutzutage auch gerne als Begleit- und Familienhunde gehalten. Der English Setter braucht einen Besitzer mit Führungsqualitäten, der ihn konsequent, jedoch einfühlsam erzieht. Dieser Hund ist ein mitdenkender Partner, die emotionale Eingebundenheit in die Familie ist für ihn ein wichtiges Bedürfnis.

Hannoverscher Schweißhund

Diese Rasse ist zwar eher ruhig, ausgeglichen und freundlich, aber auch nur wenn sie die Auslastung bekommen, die sie brauchen. Der Hannoversche Schweißhund hat sein Spezialgebiet in der Nachsuche. Aus eigener Erfahrung kann ich sagen, dass diese Rasse wirklich viel Auslastung braucht und ich habe nur einen Mischling. Mantrailing und Objektsuche sind zwei von vielen Möglichkeiten, um diese Rasse zu fordern. Bei einer Größe von 50 – 55 cm und einem Gewicht von 30 – 40 Kilogramm zählt der Schweißhund zu den mittelgroßen Hunden. Wird man diesem Hund in seiner Auslastung gerecht, ist er durch seine souveräne und soziale Art durchaus auch als Familienhund geeignet.

Familienhunde

Ein typischer Familienhund sollte natürlich kinderlieb, verspielt, ausgeglichen und verschmust sein. Neben Job, Familie und Haushalt bleibt nicht besonders viel Zeit, um den Hund mehrstündige Spaziergänge zu bieten, deshalb sollte der Familienhund keinen überdurchschnittlichen Bewegungsdrang haben. Wer auf genaue Sauberkeit im Haus achtet, sollte bei der Wahl des Vierbeiners auch auf die Beschaffenheit des Fells achten. Hunde mit langen Haaren verlieren in der Regel auch mehr Haare als Hunde mit kurzem, glattem Fell. Ein Pudel beispielsweiße verliert überhaupt keine Haare.

Labrador

Bei einer Größe von etwa 65 cm zählt diese Rasse auch zu den eher großen Hunderassen. Der Labrador ist ein kräftig gebauter und muskulöser Hund. Diese Rasse zeichnet sich durch Gutmütigkeit und Freundlichkeit aus. Aggressivität oder Scheu gegenüber Menschen sind dem Labrador fremd. Sie sind stets freundlich, neugierig und aufgeschlossen. Durch die langjährige Nutzung des Labradors in der Jagd, ist ihm die Freude am Apportieren bis heute geblieben. Auch wenn diese Rasse eher ruhig ist, benötigt sie viel kognitive und körperliche Beschäftigung.

Golden Retriever

Diese Rasse hat sich in den letzten Jahrzehnten als die beliebteste Hunderasse in Familien durchgesetzt. Mit seiner Größe von etwa 55 cm, wobei Rüden bis zu 65 cm erreichen können, ist er ein mittelgroßer Hund. Golden Retriever sind aktiv, kinderlieb, intelligent und freundlich. Da diese Hunde ausgesprochen anpassungsfähig und geduldig sind und sie nichts aus der Ruhe bringen kann, werden sie heutzutage gerne zum Blindenhund ausgebildet. Man sagt, der Golden Retriever möchte seinem Besitzer gefallen und ist ergeben und anhänglich. Im Gegensatz zu manchen anderen Rassen machen dem Goldi, Regen und Sturm überhaupt nichts aus. Außerdem ist er äußert intelligent und besitzt große Motivation, stets Neues zu lernen.

Französische Bulldogge

Diese Hunde haben eine verschmuste und freundliche Art und eignen sich gut als Familienhund. Mit einem Gewicht von 8 – 14 Kilogramm und einer Höhe von 24 – 35 cm gehören sie zu den kleinen Rassen. Wenn Kinder gelernt haben, wie man mit einem Hund umgeht, ist die Französische Bulldogge ein toller Spielkamerad. Diese Rasse ist zwar eher klein aber durchaus mutig. Sie machen auch vor großen Hunden keinen Halt. Deshalb ist es durchaus empfehlenswert, sie schon in jungen Jahren mit anderen Hunden in Kontakt kommen zu lassen. Auch dieser Hund möchte natürlich körperlich und geistig ausgepowert werden. Durch den Körperbau der Bulldogge sollte die Beschäftigung aber nicht zu wild gestaltet werden, da sie bekannt dafür sind an Atemnot zu erkranken. Suchspiele, Apportieren und Ballspiele sind kein Problem. Beim Fahrradfahren, Joggen oder Schwimmen sollte der Vierbeiner dann aber doch lieber zuhause bleiben.

Gründe, die gegen einen Hund sprechen

Einige werden sich nun fragen, wieso dieser Punkt mit aufgenommen wird. Aber er ist durchaus sinnvoll und relevant. Wenn man mal einen Blick in ein Tierheim geworfen hat, weiß man, dass dort viele Hunde auf ein neues Zuhause warten. All diese Hunde, aber auch alle anderen Tiere dort, hatten bereits ihre Familie, durften aber aus diversen Gründen nicht bei ihnen bleiben. Selbstverständlich kann es immer wieder vorkommen, dass der einzige Weg das Tierheim ist. Sei es der Todesfall des Herrchens oder Frauchens, eine schlimme Krankheit oder ein anderer schwerer Schicksalsschlag. Dafür habe ich auch volles Verständnis.

Doch leider gibt es auch ganz andere, für mich unverständliche Gründe, um sein Tier abzugeben oder noch schlimmer, es auszusetzen. Eines der wohl bekanntesten ist der Urlaub. Menschen holen sich einen Hund und wollen dann in den Urlaub fahren, da aber keiner auf den Hund aufpassen kann, Pensionen oft sehr teuer sind und der Hund aber auch nicht mitfahren soll (aus welchen Gründen auch immer) wird er an der nächsten Raststätte einfach ausgesetzt. Auf einer Raststätte ist ja immer so viel los, da wird ihn schon jemand finden und mitnehmen.

Eine Fernsehshow hat hierzu mal ein Experiment gemacht. Sie haben einen Hund an einem Rastplatz, am nächstgelegenen Baum angebunden, einen Zettel davor gelegt auf dem Stand „Bitte nehmt mich mit." und haben die Besucher des Rastplatzes aus sicherer Entfernung beobachtet. Erstaunlicherweise haben zwar viele diesen Hund gesehen und auch das Schild vor ihm, doch niemand ist hingegangen, um genauer nachzusehen. Es hat einige Stunden gedauert, bis ein junges Pärchen auf den Rastplatz kam, diesen Hund sah und sofort reagierten. Natürlich haben die Reporter die Situation aufgelöst. Aber jetzt stellen Sie sich vor, dieser Hund hätte kein Wasser oder Futter dastehen gehabt und das Pärchen wäre auf einen anderen Rastplatz gefahren.

Auch ein sehr „beliebter“ Grund: das Alter. Ja Hunde altern, der kleine süße Welpe bleibt nicht immer klein. Doch wenn der Hund zu teuer wird, weil er ständig zum Tierarzt muss oder sogar operiert werden muss, hört es bei manchen Menschen mit der Tierliebe auf. Die Folge ist dann der Gang zum Tierheim. Eine Operation kann leicht über 1000 Euro kosten. Jedem sollte bewusst sein, dass ein Hund sehr teuer werden kann und man muss bereit sein, diese Kosten zu tragen.

Leider gibt es noch viele weitere Gründe, wieso Hunde nicht mehr gewollt werden, dazu gehört unter anderem der Geruch des Tieres. Ja Hunde können auch mal stinken, vor allem, wenn sie sich in irgendetwas gewälzt haben oder im Wasser waren. Außerdem machen Hunde auch viel Dreck, sie verlieren Haare und sie putzen sich nicht die Pfoten ab, nachdem sie im Matsch getobt haben und ins Haus kommen. Und da sind wir auch schon beim nächsten Punkt.

Hunde wollen Auslauf, bespaßt werden und das jeden Tag. Egal ob es draußen stürmt und schneit oder Sie erledigt von der Arbeit oder sogar krank sind. Ihrem Hund sind diese Tatsachen leider ziemlich egal. Natürlich sagt niemand was, wenn Sie mit einer Grippe und Fieber flach liegen und Ihr Hund nur kurz zum Geschäft machen rauskommt. Wenn Sie aber Pech haben, wird Ihrem Hund langweilig und er fordert Aufmerksamkeit. Und dann kommt da jetzt auch noch die Erziehung.

Hundeerziehung kann echt harte Arbeit sein, Stubenreinheit, Leinenführigkeit und Allein bleiben sind nur wenige Punkte, die ein Hund lernen muss. Hier ist Ausdauer und Motivation des

Halters gefragt, den nur ab und zu mal 5 Minuten zu trainieren bringt leider nicht den gewünschten Fortschritt.

Wenn ich alle Punkte auflisten würde, die bei Menschen zur Abgabe Ihres Hundes beziehungsweise Tieres führen, wären Sie noch lange mit diesem Buch beschäftigt.

Überlegen Sie sich also bitte vorher, ob Sie bereit sind, auf den Urlaub zu verzichten oder ihn einfach mit dem Hund planen können. Ob Sie auch mal um die tausend Euro für eine Operation ausgeben wollen bzw. können. Schätzungsweise kostet ein Hund circa 900 – 3000 Euro im Jahr. Hier kommt es natürlich darauf an, wie oft man zum Tierarzt muss, was man dem Hund an Spielzeug kauft oder wie oft man einen Hundesitter benötigt. Überlegen Sie sich also gut, ob Sie Lust haben, sich jeden Tag mit Ihrem Hund zu beschäftigen. Trainieren, spazieren gehen, spielen und natürlich auch geistig auspowern sind tägliche Aufgaben eines Hundehalters.

Durchaus gibt es auch andere Hundehalter, die Ihre Erziehungs-methoden vielleicht nicht gut finden. Auch auf der Hundewiese kommen Hundebesitzer vor, deren Hunde nicht top erzogenen sind. Sprüche wie „Der tut nix." kommen durchaus vor. Wollen Sie aber etwa nicht, dass Ihr Hund an deiner Leine Kontakt mit anderen Hunden hat, interessiert das viele nicht. Aus einer entspannten Gassirunde, kann dann auch mal schnell eine nervige Diskussionsrunde werden.

Im Großen und Ganzen ist alles ungefähr wie bei Kindern, man überlegt sich ja schließlich auch davor, ob man diese lebenslange Verpflichtung eingehen möchte. Sie sind oft laut, machen Dreck, müssen beaufsichtigt und erzogen werden, kosten viel Geld und andere wollen ständig gut gemeinte Erziehungstipps geben. Nur dass man Kinder nicht einfach so aussetzen oder ins Tierheim bringen kann – zum Glück.

Kosten

Alles kostet Geld, das ist klar. Die finanzielle Situation muss vor der Anschaffung eines Hundes genau durchdacht werden. Alleine die Anschaffungskosten können schon ganz schön hoch werden. Ein Welpe macht auch mal etwas kaputt, das ersetzt werden muss. Tiere müssen natürlich auch mal zum Tierarzt, für diesen Fall, kann man auch eine Krankenversicherung abschließen, diese deckt aber leider nicht alles ab. Bricht sich der Hund beispielsweise ein Bein, kann dies ein enormes Loch in den Geldbeutel reißen. Zu Beginn muss man erstmal ein bisschen Geld in die Hand nehmen. Damit sich Ihr Hund von Anfang an wohl fühlt und alles hat, was er braucht, sollten einige Dinge auf die Liste.

Halsband oder Geschirr

Für was man sich im Endeffekt entscheidet, ist Geschmackssache. Fakt ist, ob Halsband oder Geschirr, man kann sehr viel Geld dafür ausgeben. Anfangen tut das ganze bei fünf Euro, aber es sind kaum Grenzen gesetzt. Dabei kommt es darauf an, aus welchem Material das Halsband oder Geschirr besteht und welche Art es ist. Wird mit dem Hund Fahrradgefahren, Laufen gegangen oder soll er an einer langen Schleppleine laufen, sollte die Leine am Geschirr angehängt werden. Dies ist einfach gesünder und vor allem sicherer für ihren Hund. Stolpert Ihr Hund beim Fahrradfahren oder gibt mal an der Schleppleine Vollgas und überschlägt sich, kann er sich sehr schwer am Hals verletzen, wenn dort die Leine angebracht ist.

Die richtige Leine

Man könnte sich jetzt fragen, was man bei einer Leine falsch machen kann. Eigentlich wirklich nichts. Allerdings sollte man auf ein paar Kleinigkeiten achten. Wenn Ihr Welpe mal richtig groß und schwer wird, sollten Sie bei der Wahl der Leine, auf eine gute Qualität achten. Bei einem Hund mit beispielsweise einem Endgewicht von über 20 Kilogramm ist eine sehr dünne und günstige Leine vielleicht nicht empfehlenswert. Leinen gibt es natürlich auch in unterschiedlichen Längen und Stoffen. Wenn Ihnen wichtig ist, dass Ihr Hund lernt, ordentlich an der Leine zu gehen, ist eine sogenannte Flexi - Leine eher weniger geeignet. Wenn Sie Ihrem Hund beim Spaziergang mehr Freilauf anbieten möchten, könnten Sie sich eine Schleppleine zulegen. Diese gibt es meistens in der Länge von 5 – 15 Metern.

Der Napf

Zum Napf gibt es eigentlich nicht viel zu sagen. Ein Futternapf und eine Wasserschüssel. Eine Schüssel aus Metall hat den Vorteil, dass sie leichter zu reinigen ist, allerdings habe ich auch schon Hunde erlebt, die nur aus Plastik trinken, da ihnen die Spiegelung der Metallschüssel nicht geheuer war.

Schlafplatz

Auch beim Schlafplatz sind keine Grenzen gesetzt, ob Körbchen, Kissen oder Decke bleibt jedem frei überlassen. Hier ist empfehlenswert darauf zu achten, dass man den Schlafplatz reinigen kann. Bei Kissen aus Leder besteht der Vorteil, dass diese einfach abgewischt werden können und sich noch dazu keine Haare sammeln. Allerdings wollen viele Hunde es weich und kuschelig, da wäre ein Kissen besser. Auch bei der Größe gibt es jede Menge Auswahlmöglichkeiten. Ihr Hund sollte gut Platz haben aber auch nicht im Körbchen oder Kissen untergehen. Als Standort sollte ein Ort gewählt werden, der nicht mitten im Geschehen ist. Der Hund sollte, wenn er sich in sein Kissen legt, seine Ruhe haben. Hier wäre vielleicht die Küche, der Waschraum oder das Schlafzimmer gut geeignet. Das kommt natürlich auch darauf an, wie die Wohnung beziehungsweise das Haus aufgeteilt ist.

Spielzeug

Bis der Hund keine Freude mehr am Spielen hat, kann lange Zeit vergehen. Meine Hündin hat mit 17 Jahren immer noch gerne gespielt. Bei vielen Hunden sind Kongs oder Tauspielzeuge beliebt, diese gibt es in allerlei Größen und Formen. Obwohl ich den Kong nicht unbedingt unter die Kategorie Spielzeug setzen würden, sondern eher unter die Kategorie Beschäftigung. Für kaufreudige Hunde gibt es mittlerweile sogar sogenanntes Kauholz, daran können die Hunde knabbern, ohne das Teile wegsplittern und sie sich daran verletzen könnten. Ebenfalls sehr beliebt bei einigen Hunden sind Tennisbälle beziehungsweise allgemein Bälle. Für Menschen, die im Werfen nicht besonders gut sind (so wie ich) gibt es Wurfarme, damit kann man richtig schön weit werfen und auch der Hund hat seinen größten Spaß. Wenn es um das Spielzeug geht, muss man einfach ein bisschen ausprobieren. Manche Hunde lieben es, dem Ball hinterherzulaufen andere wiederum bevorzugen die Frisbeescheibe und wieder andere mögen es gar nicht. Beachtet werden sollte nur, dass das Spielzeug nicht zu groß oder zu klein für den Hund ist. So einem kleinen Welpen bringt es nicht viel, wenn er ein riesiges Tauspielzeug bekommt, wenn er es nicht mal tragen kann.

Ernährung

Bei den Kosten eines Hundes sollte auch das Futter mit eingeplant werden. Die Ernährung Ihres Hundes sollte wie bei uns auch, auf die Bedürfnisse Ihres Hundes angepasst sein. Die Auswahl an Hundefutter ist mittlerweile riesig und eine Entscheidung fällt oft schwer. Jeder Futtermittelhersteller wirbt sein Futter als das Beste. Was Ihr Hund genau braucht und was gefüttert werden soll oder nicht, ist ein umstrittenes Thema. Die einen schwören auf Rohfütterung, die anderen finden das ist übertrieben und normales Futter aus dem Fachhandel reicht völlig aus. Hat Ihr Hund aber beispielsweise Allergien oder Unverträglichkeiten, muss man auf geeignetes Futter ausweichen, soweit man weiß auf was genau der Hund negativ reagiert. Hier bietet sich eine Ernährung mit biologisch artgerechtem Rohfutter an, auch Barfen genannt. Man weiß ganz genau, was im Futter drin ist und kann auf Allergien und Unverträglichkeiten eingehen und diese vermeiden. Außerdem können Sie sich beim barfen sicher sein, dass keine künstlichen Zusätze enthalten sind. Allerdings ist diese Ernährungsform vor allem am Anfang sehr aufwendig, man muss auf viele Dinge achten und sich ein hohes Wissen der Futtermittelkunde aneignen, um sein Tier wirklich ausgewogen zu ernähren. Je nach Größe des Hundes können die Kosten der Rohfütterung bei einem kleinen Hund bei etwa 20 Euro im Monat liegen und bei einem großen Hund bis zu 80 Euro betragen. Im Gegensatz dazu steht das Fertigfutter vom Discounter, dass nur etwa 10 – 15 Euro im Monat kostet. Alternativ kann man natürlich auch Fertigfutter aus dem Fachhandel nehmen oder online bestellen. Gutes Fertigfutter gibt es durchaus, ist aber preislich auch etwas höher angesetzt auch hier ist empfehlenswert, sich über Inhaltsstoffe und ähnliches zu informieren.

Tierarzt

Auch der vierbeinige Liebling muss mal zum Arzt. Tierarztkosten können durchaus sehr hoch werden. Vor allem, wenn das Tier älter wird. Aber auch der Welpe und der Junghund sollte zum Tierarzt, denn wie bei uns Menschen auch, sollte der Hund gegen gewisse Krankheiten geimpft werden. Bei der Wahl des Tierarztes, sollten Sie nicht nur darauf achten, ob er günstig ist. Achten Sie darauf, ob der Tierarzt Sie gut und verständlich berät, sich Zeit für Sie und Ihr Tier nimmt, Ihnen nichts aufdrücken will und vor allem, dass er Ihr Tier gut behandelt. Haben Sie ein schlechtes Gefühl, dann zögern Sie nicht, sich einen anderen Tierarzt für die zukünftigen Probleme zu suchen. Oft hilft es, bei Freunden oder Bekannten nachzufragen, soweit diese selbst Haustiere haben, oder im Internet nach Empfehlungen zu suchen.

Impfungen

Bei Impfungen ist es das gleiche, wie bei uns Menschen. Sie dienen vor allem dem Schutz vor Viren und Bakterien, die gefährliche Krankheiten übertragen. Wie bei uns auch, werden kleine Mengen der Erreger injiziert, entweder über eine Spritze in die Muskulatur oder unter die Haut. Welpen sind wenige Wochen nach der Geburt durch die Mutter passiv immunisiert. Durch die Muttermilch und auch schon im Mutterleib haben die Welpen die Antikörper der Mutter aufgenommen. Allerdings lässt dieser Schutz nach kurzer Zeit nach. Impfungen müssen teilweise im Abstand von ein paar Wochen wiederholt werden um ihre volle Wirkung zu entfalten. So kann der Körper die größtmögliche Abwehrkraft bilden und somit ist Ihr Hund dann für eine längere Zeit vollständig immun. Leider gibt es auch ein gewisses Risiko. In seltenen Fällen kann es zu Entzündungen oder Allergien kommen. Wenn der Vierbeiner vor der Impfung krank oder geschwächt war, reicht eine kleine Dosis Erreger, um eine Infektion auszulösen, darum sollte Ihr Tier gesund und stark sein, wenn es zur Impfung geht.

Jeder Hundebesitzer muss selbst entscheiden, gegen was er seinen Hund impfen möchte, die wichtigen Impfungen sind aber in jedem Fall sinnvoll. Allerdings sollte auch darauf geachtet werden, den Hund nicht mit allerlei Impfungen vollzustopfen. Bei der großen Auswahl an Impfungen, sollte abgewogen werden, welche wirklich nötig sind und auf welche man eher verzichten kann. Informieren Sie sich am besten bei Ihrem Tierarzt des Vertrauens welche Impfungen empfehlenswert sind. Folgende Impfungen gehören zu denjenigen, auf die nicht verzichtet werden sollte.

Tollwut

Diese Impfung ist sehr wichtig. Tollwut ist eine Virusinfektion und wird über den Speichel übertragen. Symptome sind zuerst Verhaltensänderungen und neurologische Probleme. Eine Tollwut-Impfung ist sowohl für Tier, als auch für den Menschen wichtig. Tollwut ist nämlich eine sogenannte Zoonose, das bedeutet, dass der Virus von Mensch auf Tier und von Tier auf Mensch übertragen werden kann. Diese Krankheit endet tödlich, weshalb ein Schutz wirklich wichtig ist.

Geimpft wird frühestens in der 12. Lebenswoche und sollte alle 3 Jahre aufgefrischt werden. Die Kosten für den Impfstoff liegen bei etwa 45 €, was der Tierarzt dann für die allgemeine Behandlung noch verlangt, ist unterschiedlich.

Staupe

Diese Krankheit ist hoch ansteckend, sie wird durch Tröpfcheninfektion übertragen, also durch direkten Kontakt. Sie verursacht Entzündungen in Darm, Lunge und Gehirn. In vielen Fällen verläuft die Infektion tödlich. Staupe ist oft in einer

6 – Fach – Impfung zusammen mit Parvovirose, HCC, Leptospirose, Zwingerhusten und Tollwut enthalten.

Die Grundimmunisierung kann schon ab der 4. Woche begonnen werden. Spätestens jedoch in der 8.Woche. Diese Impfung sollte in der 12. und 16. Lebenswoche und dann nochmal im 15. Lebensmonat wiederholt werden. Sonst ist die Grundimmunisierung nicht abgeschlossen. Aufgefrischt sollte diese Impfung alle 3 Jahre werden. Die Kosten dieser Impfung belaufen sich auf etwa 50 – 70 Euro.

Borreliose

Die Symptome sind vielseitig, von Gelenkentzündungen bis Organschäden. Übertragen wird diese bakterielle Erkrankung durch Zecken. Leider wirkt der Impfstoff nicht gegen alle Borreliose-Arten, deswegen gehört diese Impfung zu den Wahlimpfungen. Zeckenschutz ist in diesem Fall oft effektiver, aber auch hier muss auf einen ununterbrochenen Schutz geachtet werden. Die erste Impfung bekommt der Welpe mit 12 Wochen, die Auffrischung sollte nach drei bis fünf Wochen erfolgen. Die Impfung gegen Borreliose sollte jährlich wiederholt werden. Die Kosten liegen hier bei etwa 45 Euro.

Hepatitis

Eine Impfung gegen diese Virusinfektion ist durchaus zu empfehlen. Sie verursacht Gelbsucht, Erbrechen und Übelkeit und ist häufig tödlich.

Der Welpe kann ab der 8. Woche dagegen geimpft werden. Damit die Grundimmunisierung abgeschlossen wird, muss der Welpe in der 12. und 16. Lebenswoche und nochmal im 15. Monat geimpft werden. Dann ist es ausreichend, die Impfung alle drei Jahre aufzufrischen.

Leptospirose

Man nennt diese bakterielle Erkrankung auch „Weil'sche Krankheit“. Übertragen wird sie durch direkten Kontakt zu infizierten Wildtieren oder deren Urin. Die Übertragung kann auch bei der Paarung, im Mutterleib, durch Bisse oder kontaminiertes Wasser, wie beispielsweise aus Pfützen erfolgen. Diese Krankheit kann auch auf den Menschen übertragen werden und gehört deshalb zu den Zoonosen. Allerdings stecken wir uns nicht durch unsere Hunde an, sondern durch Gewässer wie Badeseen, die mit dem Urin der infizierten Wildtiere wie Mäuse, Ratten und Hamster verunreinigt sind. Wie schwer es das Tier trifft, liegt unter anderem am Alter, junge Tiere erkranken oft schwerer. Leptospiren verursachen unter anderem schwere Funktionsstörungen von Leber und Nieren, diese können dann nicht richtig entgiften und führen zu Vergiftungserscheinungen. Vor allem für ungeimpfte Tiere, kann diese Krankheit tödlich verlaufen. Nach der Grundimmunisierung sollte die Impfung jährlich aufgefrischt werden.

Hundeschule – Ja oder Nein

Viele raten dazu, unbedingt eine Hundeschule zu besuchen. Welpenspielgruppe, Junghundegruppe und Trainingsstunden sollen für Ihren Hund wichtig sein, um richtiges Sozialverhalten zu lernen. In der Hundeschule soll der Hund lernen, wie er sich konzentriert und sich gegenüber anderen Hunden verhalten soll. Die Trainingsstunden sollen Ihnen zeigen, wie Sie vorgehen müssen, um Ihrem Hund gewisse Dinge beizubringen. Irrtümlicherweise sind manche Menschen der Meinung, dass sie außerhalb der Trainingsstunde nichts tun müssten. Dann haben Sie erstens das Problem, dass Ihr Hund viel länger braucht, um etwas zu lernen und zweitens wird Ihr Hund das erlernte Verhalten, dann auch NUR auf dem Hundeplatz zeigen, da er es nicht anders gelernt hat. Beim Hundetraining ist Wiederholung das A und O, damit Ihr Hund etwas lernen kann. Da Hundetrainer kein geschützter Begriff ist, kann jeder, der den Paragraf 11 beim Veterinäramt ablegt, eine Hundeschule eröffnen.

Hier empfiehlt es sich, Bewertungen anzusehen und sich gut über diese Schule zu informieren. Welche Erfahrungen hat der Trainer? Wie lange macht er dies schon? Welche Erziehungsmethoden wendet er an? Kann er seine Erfahrungen nachweisen, durch beispielsweise Fort- und Weiterbildungen und Zertifikate?

Viele Hundeschulen bieten an, sich ganz unverbindlich eine Trainingsstunde anzusehen, um sich einen Eindruck zu verschaffen. Dieses Angebot sollten Sie auch definitiv annehmen. Achten Sie bitte genau darauf, dass dieser Hundetrainer nur mit positiver Verstärkung arbeitet. Ich habe schon viele Geschichten von anderen Hundehaltern gehört, die erzählten, dass Ihr Hund auf den Rücken geworfen, geschupst oder getreten wurde, wenn er ein Kommando nicht ausgeführt hat. Davon abgesehen, dass es tierschutzwidrig ist, hat es rein gar nichts mit Erziehung zu tun. Das einzige was hier passieren würde: Ihr Hund arbeitet mit Ihnen zusammen, weil er weiß, dass er sonst Schmerzen erleidet (denken wir zurück an die Maus mit dem Stromimpuls). Die Mensch-Hund-Beziehung besteht dann nur aus Angst und Misstrauen. Nehmen Sie sich die nötige Zeit, um eine passende Hundeschule zu finden. Finden Sie etwas nicht gut, zählt dasselbe wie beim Tierarzt – zögern Sie nicht zu wechseln.

Ist eine Hundeschule wirklich nötig?

Wer seinen Hund trainieren will, ihm Tricks und Befehle beibringen will, der hat die Möglichkeit in eine Hundeschule zu gehen. Eine gute Kommunikation erleichtert das Zusammenleben mit dem Vierbeiner und es können mögliche Konflikte vermieden werden. Der Hund lernt aber nicht nur durch verständliche Kommandos, was Sie von ihm erwarten, sondern auch den Umgang mit anderen Hunden. Durch den Kontakt zu Artgenossen, lernt er diese kennen und gewöhnt sich daran. Ein Spaziergang in der Stadt ist somit entspannter, da sich Ihr Hund ruhiger verhält, wenn er auf andere Hunde trifft. In der Hundeschule lernt nicht nur der Hund, sondern auch Sie als Hundehalter. Sie lernen viel über das Verhalten Ihres Hundes und was er Ihnen in gewissen Situationen sagen möchte, was das Zusammenleben deutlich erleichtert. Wollen Sie mit Ihrem Hund eine Begleithundeprüfung ablegen, ist ein speziell dafür ausgelegter Kurs auf jeden Fall sinnvoll. Heutzutage gibt es daneben aber auch noch einige Hundesportarten, Canicross, Agility, DogDancing und vieles mehr. Wenn Sie merken, dass Ihr Hund Spaß am Laufen hat, wäre Canicross oder Agility eine gute Aktivität. Um hier nichts falsch zu machen, ist eine Hundeschule ebenfalls empfehlenswert. Allerdings gibt es heutzutage eine Menge an Fachbüchern, wenn man sich also gut informiert und selbst lernen will, spricht gegen eine Erziehung des Hundes ohne Hundeschule auch nichts. Bei Verhaltensproblemen, wie zum Beispiel Leinenaggression oder allen anderen Arten von Aggressionen, beim allein bleiben oder bei Problemen mit anderen Hunden, sollte ein Trainer die Lage analysieren. Dieser sollte dann rausfinden, wie dieses Problem entstand und wie man den Knoten wieder lösen kann.

Also zusammengefasst kann man sagen, wer sich lieber durch einen Hundetrainer anleiten lassen möchte, um wirklich sicher zu gehen das er alles richtig macht oder vorhat mit seinem Hund die Begleithundeprüfung zu absolvieren, sollte sich in einer guten Hundeschule anmelden.

Sachkundenachweis und Wesenstest

Der Hundeführerschein oder auch der sogenannte Sachkundenachweis sind noch in keinem Bundesland Pflicht. Allerdings besteht in manchen Bundesländern die Pflicht einen Sachkundenachweis zu erbringen. Abhängig von den geltenden Hundegesetzen im jeweiligen Bundesland, wird der Sachkundenachweis auch als Hundeführerschein anerkannt. Dieser Test besteht aus einer theoretischen und praktischen Prüfung und kann in vielen Dachverbänden und Tierärzte-kammern abgelegt werden, jedoch benötigt man hierfür eine gute Vorbereitung. Der Sachkundenachweis soll belegen, dass von Ihnen und Ihrem Hund keine Gefahr ausgeht und Sie für eine gute Erziehung des Hundes sorgen können. Vor allem notwendig ist dieser Nachweis, wenn Sie einen Hund wollen, der in der Rasseliste steht. In Deutschland sind Hunde der Kategorie 1, wie der Staffordshire-Bullterrier, American-Pit-Bull–Terrier oder deren Kreuzungen, gänzlich verboten. Bei Hunden der Kategorie 2 wie dem Bullterrier oder dem Rottweiler muss ein Test erfolgen, um die Hunderasse halten zu dürfen. Oft muss der theoretische Prüfungsteil schon vor Anschaffung des Hundes absolviert werden. Hier ist zu beachten, dass diese Regel auch für Mischlinge der Rassen besteht. Wird dieser Wesenstest bestanden, stellt die Behörde ein sogenanntes Negativzeugnis aus. Somit wird der Hund rechtlich nicht mehr als Kampfhund behandelt.

Die Kosten eines Wesenstest belaufen sich auf etwa 350 Euro, dies kann aber je nach Bundesland unterschiedlich sein. Vom 6. – zum 18. Lebensmonat benötigt ein Hundehalter für seinen Kategorie 2 Hund ein befristetes Negativzeugnis. In manchen Fällen wird ein Kurzgutachten der zuständigen Behörde verlangt. Die Kosten dafür liegen bei etwa 100 Euro, ab dem 18.

Lebensmonat muss der Hund einen Wesenstest absolvieren, welcher etwa 250 Euro kostet. Ein Sachkundenachweis kann je nach Stadt zwischen 80 und 130 Euro kosten. Die praktische und theoretische Prüfung kostet jeweils etwa 40 Euro, über die genauen Beträge entscheidet jedoch der jeweilige Prüfer.

Ausflüge und Urlaub

Mittlerweile ist es kein großer Unterschied mehr, wenn man seinen Hund bei einem Ausflug oder in den Urlaub mitnehmen möchte. Viele Hotel- und Ferienhausbetreiber erlauben mittlerweile das Mitbringen des Vierbeiners. Allerdings muss meist auch für den Hund bezahlt werden, in der Regel etwa 10 Euro am Tag. Online findet man heutzutage auch schon einige „Hundehotels“, also Hotels in denen Hundehalter und ihre Vierbeiner gern gesehen werden. Diese Hotels haben meist einen Hundeplatz, Hundepool oder sogar einen Trainer für Seminare. Die Freizeitangebote haben hier den Schwerpunkt, dass Mensch und Tier gemeinsam einen unbeschwerten Urlaub genießen können. Beachtet werden sollten aber immer die Regeln des jeweiligen Landes, in dem Sie mit Ihrem Hund Urlaub machen. Natürlich sollten Sie vor der Abreise klären, ob der Hund in Ihrem gewünschten Hotel oder Ferienhaus erlaubt ist. Davon abgesehen ist auch die Umgebung wichtig, wenn Sie an den Strand wollen, ist wichtig zu wissen, ob es vielleicht einen Hundestrand gibt oder ob der Hund an den normalen Strand mitdarf.

Auch welche Ausflugsorte Sie besuchen wollen und ob der Vierbeiner dort erlaubt ist, ist zu bedenken. Informieren sollten Sie sich auch über nötige Impfungen. Um den Vierbeiner mit in den Urlaub nehmen zu dürfen, muss er eine Kennzeichnung haben. Hunde, die vor dem 3.07.2011 tätowiert wurden, brauchen keinen Chip. Alle anderen benötigen einen Chip, deren Nummer im EU-Heimtierausweis eingetragen sein muss. In der EU muss eine gültige Tollwutimpfung im Heimtierausweis eingetragen sein. Handelt es sich um eine Erstimpfung ist diese gültig, wenn sie mindestens 21 Tage zurückliegt. In Dänemark muss die Tollwutimpfung mindestens 30 Tage zurück liegen, darf aber bei Einreise nicht länger als ein Jahr zurück liegen. Außerdem sind in Dänemark 13 Hunderassen verboten, dazu zählt der Ovtcharka, die Amerikanische Bulldogge, der Pitbull und der Kangal. Ebenfalls wird davon abgeraten, Hunde, die den verbotenen Rassen auch nur ähnlichsehen, mit nach Dänemark einzuführen. In Bulgarien ist eine Tollwutimpfung und ein Gesundheitszeugnis notwendig. Die Impfung muss mindestens einen Monat zurückliegen, darf aber nicht älter als 1 Jahr sein. Das Gesundheitszeugnis des Vierbeiners darf nicht älter als 10 Tage sein. Zusammengefasst ist es also sehr wichtig, sich genau zu informieren welches Land welche Bedingungen hat – Informieren Sie sich darüber bitte gründlich.

Ein weiterer Punkt, der zu bedenken ist, ist wie Sie anreisen möchten. Flugzeug, Bahn oder Auto, der Transport in einem Flugzeug ist für alle Tiere großer Stress, da sie im Käfig im Frachtraum mitfliegen. Da ist der Transport im Auto auch für den Hund viel angenehmer, vorausgesetzt der Hund fährt gerne Auto. So können Sie öfter mal eine Pause einlegen, den Hund aus dem Auto lassen, ihm was zum Trinken geben und für ein bisschen Bewegung sorgen, dies ist übrigens auch für den Fahrer nicht schlecht und sollte bei längeren Autofahrten sowieso regelmäßig gemacht werden.

Urlaub mit oder ohne Hund

Aber wann ist es sinnvoll, den Hund zuhause zu lassen? Ratsam ist es für ältere oder kranke Tiere. Diese sollten Sie bei Freunden, Familie oder einer Pension lassen. Für einen älteren Hund kann so eine Reise sehr anstrengend sein, während ein junger Hund andere Klimazonen gut verträgt, kann einem älteren oder kranken Hund diese Änderung stark zusetzen. Länder, die eine erhöhte Ansteckungsgefahr für gefährliche Krankheiten haben oder in denen der Hund einen niedrigen Stellenwert in der Gesellschaft besitzt, sollten gemieden werden. Möchten Sie in ein Land reisen, das nur mit dem Flugzeug zu erreichen ist, sollten Sie auch hier Ihren Hund zuhause lassen. Wichtig ist, Ihren Hund darauf vorzubereiten bei anderen zu bleiben.

Transport im Auto

Der Hund gilt im Verkehrsrecht während der Autofahrt als Ladung. Laut der Straßenverkehrsordnung muss die „Ladung" so gesichert sein, dass zu keiner Zeit die Verkehrssicherheit beeinträchtigt ist. Bei einem Verstoß können Sie mit einem Bußgeld bestraft werden, liegt eine akute Gefährdung vor, gibt es sogar Punkte in Flensburg. Dies mag für manche vielleicht übertrieben sein, aber stellen Sie sich folgendes vor: Bei einem Unfall mit einer Geschwindigkeit von 72 Kilometer pro Stunde und dazu der Hund mit einem Gewicht von 23 Kilogramm, entsteht eine Beschleunigungsmasse von 1800 Kilogramm – das ist durchaus gefährlich.

Welches Sicherungssystem am besten geeignet ist, hängt von der Größe des Hundes und dem Auto ab. Kleine Hunde sind ganz gut in einer Transportbox auf dem Rücksitz aufgehoben. Je nach Auto passt ein mittelgroßer Hund in eine Transportbox, wenn diese in den Kofferraum passt. Alternativ, wie bei großen und sehr großen Hunden, können diese aber auch mit einem speziellen Geschirr und einem Sicherheitsgurt gesichert werden. Eine Transportbox hat allerdings den großen Vorteil, dass der Hund bei einem Aufprall stärker geschützt ist und außerdem nicht ausbüxen kann und in der Panik davonrennt. Eine Transportbox, die auf den Rücksitz passt, muss unbedingt mit Gurten am Sitz befestigt werden. Niemals die Box zwischen Vorder – und Rücksitz einklemmen, bei einem Unfall kann Ihr Tier sonst eingequetscht werden. Der Hund sollte nicht ungeschützt im Kofferraum transportiert werden, da er bei einem Unfall schwer verletzt oder sogar getötet werden kann. Ein Trenngitter über der Rückbank sorgt zumindest für ein bisschen Schutz. Die Reise in einer Box sollte mit Ihrem Hund trainiert werden, da nicht alle Hunde es mögen eingesperrt zu sein. Hierzu empfiehlt es sich, die Box zuerst im Haus stehen zu lassen und sie Ihrem Hund als Rückzugsort anzubieten. Ein guter Tipp ist hier auch, den Hund nur noch in dieser Box zu füttern, somit assoziiert er mit dieser etwas positives. Hat Ihr Hund die Box akzeptiert, können Sie diese ins Auto stellen. Füttern Sie Ihren Hund weiterhin in der Box, auch wenn diese im Auto steht. Klappt auch dies gut, können Sie anfangen die Box zu schließen. Je nachdem wie Ihr Hund dies findet, können Sie mal eine kleine Autofahrt versuchen – am besten eine kurze Strecke zum Lieblingsspazierweg oder einer Wiese, wo sie mit ihm spielen. Die Box soll immer einen positiven Effekt auf Ihren Hund haben. Für Hunde, die beim Autofahren Angst oder sogar Panik haben, sollten Sie sich von einem Trainer helfen lassen. Entweder ist in diesem Fall eine Box vorteilhaft, weil sich der Hund sicherer fühlt oder die Box muss weggelassen werden.

Egal wie Sie Ihren Hund im Auto transportieren, denken Sie immer an die Sicherheit von Ihnen und Ihrem Hund. Das Autogeschirr muss gut sitzen und der speziell dafür vorgesehene Gurt darf nicht zu lang sein. Die Box muss ebenfalls, egal ob auf der Rückbank oder im Kofferraum, gut gesichert sein. Ihr Vierbeiner sollte gut Platz in der Box haben aber auch nicht so viel, dass er darin umhergeschleudert werden könnte. Lassen Sie sich am besten in einem Fachhandel beraten.

Kommunikation zwischen Mensch und Hund

Die Grundlage für ein harmonisches Zusammenleben ist ganz klar die Kommunikation. Durch die richtige Kommunikation können Missverständnisse und Fehler vermieden werden. Doch dies Bedarf ein wenig Wissen und Übung. Wie bei einer Fremdsprache auch, muss man es erstmal lernen. Ihr Hund muss ja auch Ihre Sprache lernen, dies macht er durch Kommandos, die Sie ihm beibringen, aber auch die Körpersprache spielt hier eine große Rolle. Wir Menschen kommunizieren ganz anders als Hunde.

Aber was genau ist eigentlich Kommunikation? Der Begriff „Kommunikation“ kommt ursprünglich aus dem lateinischen „communicare“ und heißt so viel wie, „vereinigen“ oder „mitteilen“. Es ist ein Austausch an Informationen zwischen mindestens zwei Personen und dient der Problemlösung. Die Kommunikation zwischen Menschen scheint selbstverständlich zu sein, doch auch hier gibt es Missverständnisse.

Man sollte sich fragen, was an der eigenen Kommunikation falsch gelaufen ist und genauso ist es auch bei Hunden. Wenn wir mit unserem Hund kommunizieren wollen, kann es unter Umständen schnell zu Missverständnissen kommen. Dann muss der Hundehalter seine Körpersprache nochmal überarbeiten.

Wie kommuniziert unser Hund?

Unser Hund redet eigentlich ständig mit uns. Unter Artgenossen kommunizieren Hunde eher weniger über Laute, sondern hauptsächlich über Körpersprache. Hunde haben ein sehr ausgeprägtes und feines System, das weit über das Bellen hinaus geht. Kommunizieren Hunde untereinander, kommt der ganzen Körper zum Einsatz. Von der Schnauze bis zu den Ohren, dem Kopf und der ganzen Körperhaltung.

Körpersprache

Wie oben bereits erwähnt, gehört bei der Körpersprache der Hunde der ganze Körper dazu. Die Zunge geht kurz über die Hundenase, der Kopf dreht sich zur Seite, der Schwanz wedelt, das Fell stellt sich auf. All das sind Signale, mit denen unser Hund uns etwas sagen möchte. Ein Beispiel: Sie haben einen großen Streit mit Ihrem Partner, Ihr Hund steht irgendwo in Ihrer Nähe. Gehen wir davon aus, dass Sie einen eher sensiblen Hund haben. Wenn Sie jetzt Ihren Hund im Augenwinkel beobachten, könnten Sie folgende Signale wahrnehmen: Rute zwischen den Beinen, Ohren zeigen nach hinten (bei Hunden mit Schlappohren, können die Ohren fast unsichtbar werden), dann können Sie sich sicher sein, dass Ihr Hund Angst hat. Ein Beispiel zum Gegenteil: Sie kommen nach einem langen Arbeitstag nachhause, Ihr Hund kommt an die Türe, er bellt, springt hoch, wedelt mit der Rute, läuft hin und her. Man kann davon ausgehen, dass er sich freut. Diese Beispiele können natürlich nicht genauso übernommen werden. Damit das Zusammenleben mit dem Vierbeiner gut funktioniert, ist es unsere Aufgabe, die Signale verstehen zu lernen. Dies bedarf einiges an Übung, doch für den Anfang, muss man zuerst wissen, worauf man genau achten muss.

Die Ohren

Offensiv aggressiv: Hier sind die Ohren nach vorne gerichtet und steif, also unbeweglich.

Defensiv aggressiv: Hier sind die Ohren seitlich nach hinten gezogen. Diese Stellung kann sich, je nach Situation, sehr schnell ändern.

Unsicher: Die Ohren liegen seitlich am Kopf an. Hier kann das Ohr fast nicht mehr sichtbar sein.

Aufmerksam und zugleich unsicher: Hier sind die Ohren aufrecht oder auch in verschiedene Richtungen gedreht und sind sehr beweglich.

Aufmerksam oder neutral: Ohren sind aufgerichtet und nach vorne gerichtet

Aufmerksam und konzentriert: Wird eine Beute fixiert, werden die Ohren sehr weit nach vorne gedreht und sind angespannt. Sie können sogar leicht vibrieren.

Die Haltung der Ohren wird stark von der Rasse des Hundes beeinflusst. Ein Hund mit Stehohren ist wesentlich leichter zu deuten als ein Hund mit Schlappohren.

Die Augen – Blick und Pupillengröße

Aufmerksam: Der Blick ist direkt, aber weich.

Angst oder Unterwerfung: Die Augen sind halb geschlossen oder der Hund blinzelt sehr viel. Augen und Kopf werden seitlich abgewendet.

Drohung: Die Augen sind starr mit direktem Blick auf das Gegenüber.

Die Pupillengröße des Hundes ist aber auch vom Lichteinfall abhängig. Starre Pupillen zusammen mit einem fixierenden

Blick, sind als Drohung zu deuten. Ein entspannter Hund mit großen Pupillen aber einem sanften Ausdruck ist eher freundlich gestimmt. Die Blickrichtung sollte hier immer mit beobachtet werden.

Das Gesicht

Offensive Drohung: Die Nase ist deutlich gerunzelt, der Hund zieht die Lefzen hoch. Der Fang ist mit kurzem Mundwinkel geöffnet. Der Mundwinkel ist somit rund.

Defensive Drohung: Der Fang ist geöffnet und die Mundwinkel weit nach hinten gezogen und somit spitz. Durch das hochziehen der Lefzen werden dadurch viele Zähne sichtbar.

Drohung: Hier zeigt der Hund nur wenige Zähne und die Nase ist leicht gerunzelt. Die Lefzen werden hochgezogen und man kann ein leichtes Zittern beobachten.

Unsicherheit, Angst: Der Hund zieht die Lefzen so weit nach hinten, dass sich Spannungsfalten bis zu den Ohren zeigen. Hecheln ist in so einer Situation nicht ungewöhnlich.

Diese Einzelsignale, wie die Stellung der Augen, die Spannung der Gesichtshaut und vieles mehr, tragen zum Ausdruck des Hundes bei und sind oft schwer zu lesen und richtig zu deuten.

Kopf – und Körperhaltung

Unsicherheit: Ist ein Hund **unsicher** oder hat Angst, verhält er sich defensiv. Er vermeidet Augenkontakt indem er den Kopf wegdreht oder einzieht. Der Hund versucht sich klein zu machen, indem die Knie eingeknickt werden oder der Hund sich sogar setzt oder hinlegt.

Offensiv aggressiv: Ist der Kopf nach vorne gestreckt oder der Hals aufrechter als normal, ist der Hund **offensiv aggressiv.**

Beschwichtigend: Will der Hund **beschwichtigen**, dreht er seinen Kopf zur Seite. Die Körperhaltung ist tief oder schräg nach oben gerichtet.

Selbstbewusst offensiv – aggressiv: Hier versucht sich der Hund groß zu machen. Er streckt die Beine durch, die Haltung ist aufrecht und das Gewicht nach vorne verlagert.

Defensive Abwehr: Möchte der Hund eine **defensive Abwehr** erreichen, kann die Haltung nach vorne gerichtet und hinten tief sein, so wird das Gewicht nach hinten verlagert.

Aktiv beschwichtigend: Dreht der Hund seinen Körper seitlich weg und die Haltung ist niedrig bis kriechend, so möchte er **aktiv Beschwichtigen**.

Passiv beschwichtigend: Bei der **passiven Beschwichtigung** oder auch Unterwerfung genannt, liegt der Hund seitlich oder auf dem Rücken. Hier wird der Bauch präsentiert und der Hund bleibt starr so liegen.

Die Rute

Neutral, wenig selbstbewusst oder defensiv: Die Rute ist niedrig oder einfach hängend und starr.

Selbstbewusst, imponierend, aggressiv: Die Rute ist sehr hoch, bis über die Rückenlinie.

Angespannt, Imponiergehabe: Rute ist weit oben, wedeln ist langsam und fast steif.

Freude, Spiel aber auch Anspannung oder Aggression: Hier ist es abhängig von den restlichen Signalen und dem Kontext. Schnelles Wedeln mit neutraler oder hoher Rute.

Ängstlich, unterwürfig oder beschwichtigend: Die Rute ist zwischen den Beinen oder bis zum Bauch.

Beschwichtigung oder unterwürfiger Begrüßung: Der Hund wedelt mit niedriger oder eingezogener Rute.

Bei der Bewegung der Rute handelt es sich grundsätzlich nur um einen Erregungszustand des Hundes. Dieser kann positiv oder negativ sein und muss unbedingt im Zusammenhang mit den anderen Ausdrucksmöglichkeiten gedeutet werden.

Beschwichtigungssignale des Hundes

Beschwichtigungssignale sind eine Vielzahl an Bewegungen und Haltungen des Hundes. Sie dienen der sozialen Begegnung zwischen Hunden und sollen von vornherein beruhigend wirken. Beschwichtigungssignale sind Zeichen des Zögerns, des Zweifelns, der Ungewissheit oder der Angst, die eigentlich keine kommunikative Bedeutung haben. Ein Beispiel wäre eine fremde Umgebung, die beim Hund Unsicherheit auslöst. Häufige Beschwichtigungssignale beim Hund sind:

- Gähnen
- Vermehrt Blinzeln
- Kratzen
- Nase abschlecken
- Kopf abwenden
- Körper abwenden
- Langsam aufeinander zugehen
- Hinlegen
- In einem Bogen aufeinander zugehen
- Hinsetzen
- Vermehrt schnüffeln

Lautsprache

Hier würde wohl jeder an das gewöhnliche Bellen denken, die akustischen Verständigungssignale sind allerdings nicht nur darauf begrenzt. Auch Jaulen, Winseln, Brummen, Quietschen, Fiepen und so weiter gehören dazu. Unsere Hunde beherrschen allerdings nicht nur das typische Bellen. Wenn Sie mal genau hinhören, werden Sie bemerken das Hunde auch unterschiedliche Arten des Bellens beherrschen. Kommt der beste Hundekumpel zum Spielen und Ihr Hund bellt, ist dies ein anderes bellen, als wenn er den Postboten verjagen will.

Bellen

Das Bellen unseres Hundes kann ein Zeichen von Aggression, Aufforderung, Freude oder Wachsamkeit sein. Das Bellen des Hundes zu deuten ist sehr schwer, da es auch von der Erziehung abhängig ist. Hunde passen sich der Ausdrucksfähigkeit ihrer Besitzer gut an, so ist jedes Hundebellen individuell geprägt. Als erste Orientierung kann man aber sagen, dass ein Bellen in höherer Tonlage meist als freundlich und spielerisch zu deuten ist. Während ein knurrendes, tiefes Bellen üblicherweise in Situationen gezeigt wird, die für den Hund unangenehm sind. Hier fühlt er sich bedroht oder möchte eine Warnung andeuten. Manche Hunde bellen allerdings auch ohne erkennbaren Grund, dies kann auf Langeweile oder schlechte beziehungsweise falsche Erziehung zurückzuführen sein.

Heulen/Jaulen

Nur noch wenige Hunderassen lernen im Welpenalter das Heulen, da es die Rudelbildung wie bei den Wölfen, in dieser Form nicht mehr gibt. Heulen diente der Kommunikation der Vorfahren unserer Hunde. Nur noch nordische oder vereinzelte Jagdhunderassen sind noch bekannt für den Heullaut. Heult unser Vierbeiner, ist dies meist auf Einsamkeit zurückzuführen.

In manchen Fällen wird es aber auch als Revierdemonstration genutzt.

Winseln

Dies kann ein Ausdruck von Leid oder Unterwerfung sein. Manche Hunde winseln auch, wenn sie etwas vom Essen abhaben wollen, raus müssen oder nicht an ihr Spielzeug kommen. Aber auch Schmerzen oder Angst können mit dem Winseln ausgedrückt werden. Hier ist es wichtig herauszufinden, welche Ursache das winseln hat. Winselt er nur, weil er etwas möchte oder weil es gesundheitliche Ursachen hat und er uns dies mitteilen will?

Knurren

Knurren ist eine Warnung, an uns Menschen wie aber auch an andere Hunde. Es kann Angst, Frust, Wut, Enttäuschung, Drohung aber auch Müdigkeit bedeuten. Knurren dient, in allen Fällen, zur Distanzvergrößerung. Wer einem knurrenden Hund zu nahe kommt oder falsch reagiert, kann schnell gebissen werden. Knurrt der Hund schon bei Kleinigkeiten, wie der Futtergabe, sollte ein Hundetrainer aufgesucht werden.

Olfaktorische Kommunikation

Das Hunde eine ausgezeichnete Nase haben, ist kein Geheimnis. Was Hunde als gutriechend empfinden, sorgt bei uns eher für Übelkeit. Die olfaktorischen Signale sind unter Hunden ein wichtiges Mittel der Kommunikation. Der Kotgeruch verrät viel über den anderen Hund, den Fütterungszustand, die Gesundheit und vieles mehr. Rüden können durch den Geruch erkennen, ob sich eine läufige Hündin in der Nähe befindet – und das über Kilometer hinweg. Hunde sind hochsensible Tiere.

Die Ausdrucksmöglichkeiten gehen weit über das hinaus, was viele Hundebesitzer wissen und erkennen. Diese Sprache können wir lernen, durch Beobachtung des Hundes und einem gewissen Einfühlungsvermögen können wir viel erkennen. Die Vielzahl der Signale zu erkennen und dann auch noch zu deuten, ist schon eine Herausforderung. Man sollte auch bedenken, dass Hunde nicht wie wir Menschen denken. Schlechtes Gewissen, Scham, Reue und vieles mehr kennt unser Hund gar nicht. Ein gutes Beispiel für die „Vermenschlichung" unseres Hundes ist die Ansicht, dass der Hund etwas getan hat, um uns zu ärgern. Der Hund hat beispielsweise etwas vom Tisch gestohlen – Er weiß genau, dass er das nicht darf und hat es trotzdem getan. Dies hat er nicht getan, weil er uns ärgern will, sondern weil in der Erziehung etwas nicht funktioniert hat oder Sie ihn sogar zu diesem Verhalten animiert haben, ohne es zu merken. Häufig führt das bei den Menschen zu Frust, der Hund wird dann auch noch bestraft, obwohl er gar nicht weiß wieso. Man sollte in solchen Fällen also gut überlegen, was wir als Hundebesitzer falsch gemacht haben.

Sozialisierung

Die Definition von Sozialisierung ist, dass der Welpe in den ersten Wochen an möglichst viele Geräusche und Objekte gewöhnt wird, wie zum Beispiel an andere Menschen, Hunde oder das Geräusch des Staubsaugers oder der Waschmaschine. Besonders von der vierten bis zur zwölften Lebenswoche ist der Welpe besonders sensibel für neue Eindrücke. Ein gut sozialisierter Hund hat den Umgang mit Mensch, Hund und der Umwelt gelernt. Er kann die Signale und die Kommunikation von Mensch und Hund verstehen und reagiert angemessen ohne Angst oder Aggression. Das gleiche gilt für die Umwelt, ein Spaziergang im Wald mit raschelnden Bäumen oder an einem Bürgersteig, wenn ein lautes Motorrad vorbeifährt. Vorteilhaft ist es auch, wenn der Hund im Bus und im Auto mitfahren kann, ohne sich zu übergeben oder überfordert zu sein. Ein Hund, der diese Dinge nicht gelernt hat, schränkt unter anderem den Alltag des Halters sehr ein. Außerdem ist ein Spaziergang für den Hund dann mit einer Herausforderung verbunden und er reagiert mit Angst oder Angstaggression. Da Welpen noch sehr neugierig sind und noch keine negativen Erfahrungen gemacht haben, gehen sie unvoreingenommen in die Situationen und können so die Dinge positiv oder neutral kennenlernen. Er lernt auch zusätzlich, dass er sich neuen Situationen stellen kann und dass es keine große Herausforderung ist. Im Alter von ungefähr vier Monaten ist die Prägung auf Neues besonders leicht, allerdings auch die Gefahr das negative Erlebnisse einen tiefen Eindruck hinterlassen. Dies merkt man besonders bei Hunden, die im jungen Alter schon im Tierheim oder auf der Straße lebten. Hier lernen sie entweder nicht viel, da den Mitarbeitern des Tierheims einfach die Zeit fehlt oder sie haben mit Menschen eher negative Erlebnisse gehabt. Ab dem vierten Monat zählt der Welpe als Junghund. Er wird eigenständiger, was wiederum auch die Gefahr bringt, dass sich unerwünschtes Verhalten und negative Erfahrungen einschleichen. Ab jetzt unterscheidet der Hund zwischen Rudel und Fremden, er fängt also an zu „Fremdeln“, deshalb nennt man diese Zeit auch die „Fremdelphase“. Es wird nicht mehr jeder Mensch überschwänglich begrüßt und die Gewöhnung an andere Tiere wird schwieriger. Dieses gesunde Misstrauen ist in dieser Zeit völlig normal. In unserer heutigen Welt gibt es sehr viele Eindrücke, die für uns normal sind, aber unseren Welpen schnell überfordern können. Betrunkene Menschen, Menschen mit Krückstock, Aufzüge, Flatternde Markisen, Motorräder, lebensechte Tierfiguren und vieles mehr. Aus diesem Grund ist es sehr wichtig, dass der Welpe bereits beim Züchter viele Reize kennenlernt.

Wächst der Welpe bis er zur neuen Familie kommt nur in einem Raum auf und wird nicht im Alltag der Familie integriert, wird es eine Herausforderung den Welpen umweltsicher zu machen. Es empfiehlt sich, zu überlegen in welchen Situationen der Welpe im späteren Leben gelassen reagieren soll und sich dann eine Liste mit den wichtigsten Punkten zu machen. Fährt man oft mit dem Zug zu Freunden, sollte der Welpe keine Angst beim Zugfahren haben. Wird fast alles mit dem Fahrrad gefahren, wäre es natürlich sinnvoll, wenn der Hund sicher am Fahrrad laufen kann. Auf dem Weg zum nächsten Park muss man durch die Innenstadt oder an einer Menschenmenge vorbei, dann sollten ihm viele Menschen keine Angst machen. Das ist dann eure Prioritäten-Liste.

Wichtig: Achtet bitte auch darauf euren Hund nicht mit Reizen zu überfluten. Er braucht Zeit die neuen Eindrücke zu verarbeiten.

Fremde Hunde

Wie wir oben gelernt haben, kann ein gut sozialisierter Hund ohne Probleme mit fremden Hunden kommunizieren und angemessen reagieren. Leider ist aber nicht jeder Hund gut sozialisiert oder verträglich mit jedem fremden Hund. Unter Hundehaltern sollte es selbstverständlich sein, den eigenen Hund nicht ohne Erlaubnis zum anderen Hund rennen zu lassen. Dies ist aber leider nicht so selbstverständlich, wie wir es gerne hätten. Zurückzuführen ist dies auf die vielen, meist falschen Informationen, die diese Hundehalter haben. Der Gedanke „die Regeln das schon unter sich", ist schlichtweg falsch. Dieser Mythos hält sich leider wacker in den Köpfen der Hundehalter. Durch jahrzehntelange Züchtung mancher Hunde oder unkontrollierter Vermehrung haben unsere heutigen Hunde es viel schwerer sich über Körpersprache auszudrücken. Kopierte Rute, langes Fell, faltiges Gesicht. Das sind nur wenige Punkte, die dazu führen, dass es Missverständnisse unter den Hunden gibt. Wir als Hundehalter haben außerdem die Verantwortung, dass unser Hund keinem anderen Tier Schaden zufügt, dies können wir allerdings nicht gewährleisten, wenn wir unseren Hund einfach frei zu anderen Hunden laufen lassen oder auch andere Menschen ihren Hund zu unserem lassen.

Kommt dann ein Hund zu Ihnen der es nicht so nett meint, der Besitzer aber der Meinung ist, dass er ja nur spielt, haben wir schon das erste Problem. Deshalb ist die Körpersprache der Hunde lesen zu können auch so wichtig. Dieser besagte Hund sieht vielleicht so aus als würde er spielen, in Wirklichkeit ärgert er Ihren Hund aber auf höchstem Niveau. Einen körperlichen Schaden wird er daraus vermutlich nicht ziehen, aber er wird sich merken, dass nicht jeder Hund nett ist und dass Sie ihm nicht geholfen haben.

Kommt so eine Situation dann öfter vor, wird Ihr Hund vermutlich nicht mehr so nett zu anderen Hunden sein. Solche Situationen zu erkennen, ist sehr wichtig für Ihren Hund, aber auch für die Mensch-Hund-Beziehung. Zögern Sie nicht dem anderen Hundehalter zu sagen, dass sie nicht möchten, dass er seinen Hund zu Ihrem lässt, wenn Sie sich unsicher sind, ob er mit positiven Absichten ankommt.

Meist stößt dies auf Unverständnis, ist aber das Beste für Sie und Ihren Hund. Überlegen Sie auch mal, wie Sie sich fühlen würden, wenn Sie im Park unterwegs sind und plötzlich ein fremder Mensch kommt und sie einfach anfasst. Das wollen wir Menschen nicht und unsere Hunde eben so wenig. Beobachten Sie Ihren Hund und entscheiden Sie dann individuell, ob der fremde Hund zu Ihrem darf oder nicht.

Ich persönlich finde es auch negativ, Hunde an der Leine bekannt zu machen. Es kann auch mal vorkommen, dass sich die Hunde nicht mögen. In diesem Fall sollte er, wenn nötig die Flucht ergreifen können – dies kann er an der Leine nicht. Im schlimmsten Fall haben Sie dann zwei Hunde, die sich raufen und die Sie nicht auseinanderbekommen, weil die Leinen sich mit verwirbelt haben.

Begegnen Sie beim Spazieren gehen anderen Hunden, verlangsamen Sie das Tempo oder bleiben Sie stehen. Bleiben

Sie ganz entspannt und gehen am anderen Hund vorbei oder warten, dass dieser an Ihnen vorbei gegangen ist. Werden sie unruhig oder sogar hektisch, kann das Ihr Hund missverstehen und den fremden Menschen mit Hund als Bedrohung wahrnehmen.

Das Wichtigste zusammengefasst:

- Hunde nicht an der Leine zusammenführen

- Körpersprache ist sehr wichtig, um lesen zu können, ob der fremde Hund es gut meint oder nicht

- Achten Sie auch auf die Körpersprache des Hundes und entscheiden Sie dementsprechend

- Sind Sie sich unsicher, lieber einmal zu oft Nein sagen

Die Rolle der Bezugsperson

Unter einer Bezugsperson versteht man eine Person, der man vertraut, zu der man eine persönliche Beziehung führt und an der man sich orientiert. Bei Kindern sind das die Eltern, sie haben die Verantwortung und sorgen dafür, dass es ihren Schützlingen gut geht, wie auch beim Welpen die Hundeeltern.

Kinder verbringen viel Zeit mit dem Hund, durch gemeinsame Aktivitäten entwickelt sich auch hier eine vertrauensvolle Bindung. Allerdings sind Hunde in der Lage, die körperliche wie auch geistige Reife eines Menschen zu erkennen, somit kann ein Kind nicht die Bezugsperson des Hundes werden. Auch ein Mensch, der den Hund als reinen Laufbegleiter sieht, ist zwar mit ihm verbunden aber auch nur auf sportlicher Ebene.

Als Bezugsperson wäre dem Menschen klar, dass die Bewegung allein, dem Hund nicht genügt. Leider neigen besonders unerfahrene Hundehalter dazu, die Handlungen des Hundes auf den Menschen zu interpretieren. Es ist nämlich nicht immer so, dass sich der Hund freut, wenn er mit dem Schwanz wedelt. Schwanzwedeln oder Haare aufstellen, sind nur ein Zeichen von Erregung, egal welcher Art. Also nochmal zurück zur Bezugsperson. Die Definition einer Bezugsperson ist eine Art Elternrolle für seinen Hund zu erfüllen. Dafür ist einiges an Kenntniss und Wissen über Hunde – und speziell seinem eigenen Hund – außerordentlich wichtig.

Dadurch, dass Hunde eine sehr gute Beobachtungsgabe besitzen, übernehmen sie in Situationen, in denen er meint, dass Sie hier nicht die Führung übernehmen, selbst die Führung. Ein Beispiel sind Territorialverhalten oder Ressourcenverteilung. Er interpretiert seine Beobachtung in Hundesicht.

Als Bezugsperson agieren Sie also als leitende Person, die den Hund in unterschiedlichsten Lebenssituationen leiten. Ihr Hund lernt von und durch Sie, was ihm eine Integration in die Menschenwelt ermöglicht. Dabei muss der Mensch darauf achten, dass der Hund die Auslastung bekommt, die für ihn nötig ist. Ist der Mensch die Bezugsperson des Hundes, wird sich dieser auch in Situationen, die für ihn problematisch sind, an der Bezugsperson orientieren. Somit werden unerwünschte Handlungen des Hundes vermieden. Es entsteht eine gute Mensch-Hund-Beziehung, in der beide Seiten einander vertrauen können.

Kurz und bündig heißt das also: Lernen Sie mit Ihrem Hund zu kommunizieren, erfüllen Sie die geistige und körperliche Auslastung. Leiten Sie Ihren Hund durchs Menschenleben. So haben Sie gute Chancen die Bezugsperson Ihres Hundes zu werden und eine vertrauensvolle Beziehung aufzubauen.

Hartnäckige Mythen über den Hund

Der Welpenschutz

Ein weit verbreiteter Irrglaube ist der, dass Welpen einem sogenannten Welpenschutz unterliegen und somit von keinem anderen Hund verletzt werden. Wissenschaftlich gesehen existiert der Welpenschutz, allerdings nur in der eigenen Hundefamilie, nicht bei fremden Hunden und deren Welpen. Das heißt wiederum, egal wie gut Ihr den Nachbarshund kennt, es gibt keine Garantie, dass er euren Welpen auch akzeptiert. Einige Hunde sind zwar super verträglich mit anderen Hunden, mögen aber einfach keine Welpen.

Mein Hund will mich nur ärgern

Sie wollen beim Spaziergang das lang geübte Kommando „Fuß" anwenden. Allerdings sind Sie diesmal nicht allein, sondern haben Ihren Partner dabei. Sie geben immer wieder das Kommando „Fuß" und Ihr Hund ignoriert dies einfach. Nein er möchte Sie nicht ärgern. Hunde lernen kontextabhängig, das heißt, wenn Sie dieses Kommando immer allein und immer am selben Weg geübt haben, kann Ihr Hund das auch nur in diesem Kontext. Das Sie nun eine Begleitung dabeihaben, passt für ihn nicht in das gelernte. Ihr Hund muss also erst lernen, dass „Fuß" in jeglichen Situationen dasselbe bedeutet. Dies nennt man Generalisieren und man hat herausgefunden, dass eine Übung erst nach etwa 5.000 Wiederholungen in unterschiedlichen Situationen wirklich sitzt.

Das schlechte Gewissen

Gleich einmal vorweg, Hunde können kein schlechtes Gewissen haben. In der Vergangenheit kam es mal vor, dass Ihr Hund während Ihrer Abwesenheit das ein oder andere Chaos verursacht hat. Sei es ein kaputtes Couchkissen oder eine zerfetzte Zeitung, vermutlich haben Sie Ihn daraufhin angeschrien und bestraft (auf seinen Platz schicken und schimpfen). Hier sollte darauf hingewiesen werden, dass Ihr Hund keine Ahnung hat, wieso Sie ihn anschreien. Hunde können nur einen Zusammenhang zwischen Strafe und Geschehen erkennen, wenn die Strafe innerhalb einiger Sekunden erfolgt. Alles was danach kommt, wird vom Hund in Verbindung mit der aktuellen Situation gebracht. Das wäre dann in unserem Beispiel folgendes:

Ihr Hund hat wieder ein Kissen zerlegt, Sie kommen nach Hause und sind wütend. Sie schreien Ihren Hund an und schicken Ihn auf seinen Platz. Vermutlich sind Sie auch noch Stunden später sauer auf Ihren Hund. Ihr Hund aber verbindet diese Situation mit der aktuellen Situation, in diesem Fall, das Nachhause kommen des Besitzers. Somit lernt Ihr Hund „wenn Frauchen nachhause kommt, gibt's Ärger", wodurch er anfängt Sie gleich beim Reinkommen zu beschwichtigen. Ihr Hund macht sich klein, legt die Ohren zurück, schaut Sie von unten nach oben an und kriecht vielleicht ganz langsam auf Sie zu oder versteckt sich in einer Ecke. Hier versucht er einfach nur mit allen Möglichkeiten der Körpersprache die Unannehmlichkeiten zu verhindern.

Mein Hund ist dominant

Den Welpen oder den Hund am Nackenfell packen schütteln und auf den Boden drücken. Ein Bild, dass ich leider schon zu oft gesehen habe. Der sogenannte „Alphawurf" soll dem Hund zeigen, wer hier der Boss ist. Doch das einzige was hier passiert, ist nicht nur die Zerstörung der Mensch-Hund-Beziehung, sondern auch die des Selbstbewusstseins des Hundes. Die Folgen solch eines Verhaltens des Besitzers können zu extremem Angst - oder Aggressionverhalten Ihres Hundes führen. Freilebende Hunde können heutzutage auch allein überleben. Vorausgesetzt, dass alle lebensnotwendigen Ressourcen, wie geschützte Schlafplätze, Futter und Wasser vorhanden sind. Das bedeutet, dass ein Hund, der sich selbst überlassen ist, alles tun wird was für ihn belohnend ist. Wenn für Ihn das Schlafen im Bett also belohnend ist (es stellt einen geschützten Schlafplatz dar) und Sie dann plötzlich die Regel ändern und er nicht mehr aufs Bett darf, wird er dies nicht gut finden. Eine aggressive Reaktion des Hundes hat hier nichts mit Dominanzverhalten zu tun, sondern mit Verteidigung der für ihn wichtigen Ressource und das Streben nach einem „höheren Rang“. Hunde brauchen ein strukturiertes soziales Umfeld. Wird diese Struktur vom Hundehalter nicht vorgegeben, macht sich der Hund eigene und tut das was für ihn belohnend ist. Sorgen Sie dafür, dass Sie Ihrem Hund alle Ressourcen bieten, die er braucht, aber nur Sie ihm den Zugang dazu ermöglichen. Beim Futter zum Beispiel, den Napf nicht den ganzen Tag stehen lassen und immer wieder mit Futter füllen, sondern feste Fütterungszeiten einführen. Bieten Sie Ihrem Hund einen festen Schlafplatz an, Kissen, Körbchen oder Box, der dann auch sein Schlafplatz bleibt.

Sinnesorgane des Hundes

Unsere Hunde haben im Gegensatz zu uns Menschen viel ausgeprägtere Sinnesorgane. Sie hören Dinge, die wir nicht hören, sehen den Ball im Dunkeln, den wir verzweifelt suchen und riechen das Leckerli in Ihrer Jackentasche. Hunde nutzen Ihre Sinnesorgane genauso wie wir auch, allerdings sind ihre Ohren, Nase, Augen und das Gebiss viel ausgeprägt als bei uns.

Hörfähigkeit

Hunde haben ein ausgesprochen gutes Gehör. Während wir Menschen noch gar nichts hören, kann unser Hund das Herrchen bereits kommen hören, bevor er die Haustüre aufsperrt. Dieses gute Gehör verdankt unser Haushund seinem Vorfahren, dem Wolf. Auf der Jagd ist das gute Gehör außerordentlich wichtig für die Orientierung. Ein leises Rascheln von einer Maus oder Ratte werden von uns nicht wahrgenommen, die Hunde hören es allerdings. Ebenso ist das gute Gehör enorm wichtig für die Kommunikation. Ein Wolf kann einen heulenden Artgenossen über Kilometer hinweghören. Hunde mit Stehohren können diese spitzen und jeweils in die Richtung des Geräusches ausrichten, wodurch sie ein noch viel besseres räumliches Hörvermögen haben.

Zum Vergleich: Das menschliche Ohr kann im Jugendalter noch Töne bis zu 30.000 Schwingungen in der Sekunde, also Hertz, hören. Im Erwachsenenalter sinkt diese Fähigkeit auf etwa 20.000 Hertz. Das Hunde-Ohr jedoch kann Töne bis zu 60.000 Hertz hören. Es heißt sogar, dass manche Arten Töne bis 100.000 Hertz hören. Diesen Ultraschallbereich können wir Menschen nicht einmal ansatzweise wahrnehmen. Am besten zeigt sich das bei sogenannten Hundepfeifen. Diese haben einen so hohen Ton, dass der Hund ihn hört, wir aber nicht. Unser

Hund bekommt mehr mit als wir denken, auch das hochfrequente Fiepen, das Nagetiere von sich geben oder die Ultraschallgeräusche, die Fledermäuse zur Orientierung aussenden. Doch das Ohr der Hunde kann noch viel mehr. Die Fähigkeit, Geräusche zu erkennen und zuzuordnen beschränkt sich nicht nur auf die Natur. Nach nur kurzer Zeit kann Ihr Hund durchaus auch Ihr Auto von anderen unterscheiden. So interessiert es ihn wenig, wenn irgendein Auto vorbeifährt, aber er reagiert sofort, wenn Sie in die Straße einbiegen.

Die Hörfähigkeit der Hunde geht also weit über die des Menschen hinaus, allerdings sollte hierbei bedacht werden, dass jeder Hund anders reagiert. Der eine stört sich nicht an lautem Knallen an Silvester, der andere ist schon bei sehr leisen Geräuschen im Fluchtmodus.

Geruchssinn

Fünf Millionen gegen 220 Millionen Geruchszellen. Der Geruchssinn unserer Hunde ist so gut, dass sie uns Menschen in vielen Situationen helfen können. Als Rettungshund, Lawinenhund, Drogenspürhund oder auch Diabetikerhund, sind die Nasen der Vierbeiner oft im Einsatz und können so Leben retten. Die Nase ist eines der wichtigsten Sinnesorgane des Hundes. Der ganze Tag wird von Gerüchen geprägt, über die unser Hund Eindrücke gewinnt. Hunde schnüffeln an allem, was ihnen begegnet. Der Hund auf dem Gassi Weg, neue Gegenstände in der Wohnung oder fremde Menschen. Der beste Freund des Menschen ist ein Makrosmatiker das bedeutet ein Nasentier. Im Alltag nehmen sie Ihre Umwelt vorwiegend über die Nase war, die Augen und die Ohren sind dabei Nebensache. Mit der Nase am Boden, an Hausmauern oder an Bäumen, dies ist für Hunde wie Zeitunglesen. Er erkennt, welche Artgenossen hier schon waren oder ob es neue Hunde in der Gegend gibt. Es liefert dem Hund Informationen über das alltägliche Geschehen, wie bei uns die Tageszeitung.

Bestimmt haben Sie schon öfter beobachtet, dass ein Rüde und manchmal auch Hündinnen eine Stelle markieren. Damit haben Sie ihre Notiz für den Tag hinterlassen „Ich war heute schon hier“. Treffen Hunde aufeinander, wird zuerst mit den Augen die Körpersprache begutachtet, zeigt der fremde Hund keine Abwehrreaktion, darf sich begrüßt werden. Hier steht dann der Analbereich im Vordergrund. In diesem Bereich befinden sich die meisten Drüsen, die dem Hund Auskunft über Gesundheit und der Gemütslage des Tieres geben. Ein Hund, der sich nicht am Popo beschnüffeln lassen will und immer wieder ausweicht, ist in den meisten Fällen, ein sehr unsicherer Hund, der nicht möchte, dass ein anderer Hund diese Unsicherheit mitbekommt. Auch wenn wir es eklig finden, ist das schnüffeln an Kot und Urin für Hunde sehr wichtig. Sie können nämlich viele Informationen daraus ziehen.

Sehvermögen

Der lichtempfindlichste Teil des Auges ist die Netzhaut, diese befindet sich auf der Innenseite des Augapfels. Man nennt die zwei empfindlichen Lichtsensor-Arten Stäbchen und Zapfen. Für die Farbwahrnehmung und die Details, sind die Zapfen zuständig. Für die Sicht im Dunkeln und Bewegungen sind die Stäbchen verantwortlich. Wir Menschen verfügen über etwa fünf Prozent Zapfen, Hunde dagegen nur über zwei Prozent. Das erklärt, wieso Hunde nur begrenzt Farben sehen können. Während Menschen trichromatisch sehen, kann der Hund nur dichromatisch sehen. Das bedeutet, dass der Hund die Farben Grün, Orange und Rot nicht voneinander unterscheiden kann. Somit sieht er nur verschiedene Blau, Gelb und Grautöne. Da Hunde sich weniger auf ihre Augen verlassen und mehr auf den Geruch, Helligkeit und Position, achtet ein ausgebildeter

Blindenhund beispielsweise bei einer Ampel nicht auf die Farbe, sondern auf die Helligkeit und die Position des Lichts. Ein blaues Spielzeug kann im Gegensatz zu einem grünen auch für bessere Zielgenauigkeit sorgen und die Orientierung des Hundes steigern.

Wenn wir unsere Hunde fotografieren und dabei den Blitz anhaben, sehen wir meist einen extrem leuchtenden Teil im Auge des Tieres, das nennt sich Tapetum und ist dafür zuständig, das Licht in der Dämmerung zu reflektieren. Vor allem für Jagdhunde ist dies sehr wichtig, denn das einfallende Licht der Dämmerung wird doppelt reflektiert und an die Sinnesorgane weitergeleitet, wodurch der Hund besser sehen kann. Allerdings kann das Streuen des reflektierenden Lichts dazu führen, dass der Hund weniger scharf sieht. Bei Hunden, die ein weißes Fell haben oder besonders hellblaue Augen, wie etwa der Husky, kann das Tapetum fehlen, wodurch die Sicht in der Dämmerung oder Dunkelheit geschwächt ist. Um zu erfahren, ob Ihr Hund ein Tapetum hat, können Sie ein Foto mit Blitz von Ihrem Hund machen. Wenn die Augen auf dem Foto blau-grün schimmernd, besitzt er ein Tapetum. Sind sie allerdings rot, wie bei uns auch, dann besitzt er kein Tapetum.

Hunde haben eine höhere Flickerfusionsfrequenz als wir Menschen, das bedeutet, dass er auch das Flackern einer Neonröhre wahrnehmen kann, während wir Menschen nur ein konstantes Licht wahrnehmen. Manche Lichtfrequenzen können deshalb beim Hund Stress auslösen. Durch die hohe Anzahl von Stäbchen in der Netzhaut, können Hunde bewegte Objekte viel besser sehen als starre Objekte. Wenn Sie also ganz still auf einem Feld stehen, kann Ihr Hund sie kaum sehen, erst durch Bewegungen werden Sie „sichtbar“. Vor allem im Training mit dem Vierbeiner kann dieses Wissen hilfreich sein. Ein stilles Signalwort, das ohne Bewegung verwendet wird, ist für den Hund schwieriger zu erkennen. Fügen Sie allerdings eine

Hand- oder Armbewegung mit ein, erleichtert dies das Training für Hund und Halter. Zum Verständnis: Eine flackernde Neonröhre, die 50-mal pro Sekunde flackert, nehmen wir überhaupt nicht wahr, unser Hund hingegen kann dieses flackern durchaus wahrnehmen. Deshalb sollte bei gestressten Hunden oder Hunden, die an Epilepsie leiden, besonders darauf geachtet werden und Stress dieser Art, den wir so gar nicht wahrnehmen, vermieden werden.

Ein gesunder Hund hat gerade mal eine Sehschärfe von 20 – 40 Prozent im Vergleich zum Menschen. Das ist eine 5- mal geringere Schärfe wie die von uns Menschen. Um ein Objekt wirklich scharf sehen zu können, muss es einen halben Meter vom Auge entfernt sein. Wir können bewegungslose Objekte, die 30 Meter von uns entfernt sind, problemlos erkennen, der Hund nimmt dieses erst bei 6 Metern oder weniger wahr. Die Sehschärfe ist beim Hund zwar geringer, aber wie wir ja schon wissen, sind die Augen des Hundes auf Bewegung optimiert.

Auch bei der Art, wie Hunde sehen können, ist einiges anders. Die Hundeaugen sind meist recht weit seitlich am Kopf, somit hat der Hund ein Sichtfeld von etwa 240 Grad. Im Vergleich zu uns Menschen mit gerade mal 200 Grad, kann man schon fast neidisch werden. Allerdings haben Hunde beim beidäugigen Sehen nur 60 Grad. Das sogenannte binokulare Sehen tritt dann ein, wenn sich das Sichtfeld der beiden Augen überlappt und ist für die Tiefenwahrnehmung notwendig. Umso mehr die Augen auseinander stehen, umso weniger Überlappungen gibt es und somit auch weniger Tiefenwahrnehmung.

Gebiss des Hundes

Hunde kommen zahnlos auf die Welt, die ersten Milchzähne brechen mit drei bis sechs Wochen durch. Die Milchzähne von Welpen sind viel spitzer als später die bleibenden Zähne. Ein

Milchgebiss besteht aus 28 Zähnen. Je nach Rasse und Größe des Welpen verlieren sie im Alter von vier bis sieben Monaten die Milchzähne und die bleibenden Zähne wachsen nach. Viele Besitzer bekommen von diesem Zahnwechsel kaum etwas mit. Bei kleinen Hunden kann es vorkommen, dass einige Milchzähne nicht ausfallen und sich der richtige Zahn daneben vorbei schiebt. Die Folge ist, dass der bleibende Zahn nicht in der normalen Position wachsen kann. In diesem Fall muss ein Tierarzt aufgesucht werden. Zur Unterstützung beim Zahnwechsel, können Sie dem Hund Kauspielzeuge wie Seile aus Gummi oder Schweineohren und Ochsenziemer geben. Dies sollte aber immer unter Beobachtung stehen. Auf Tauspielzeuge sollte in dieser Zeit verzichtet werden. Hat der Zahnwechsel ohne Probleme funktioniert, besteht das endgültige Hundegebiss aus 42 Zähnen, 20 im Oberkiefer und 22 im Unterkiefer. Anders als wir Menschen, können Hunde ihren Unterkiefer nur auf und ab bewegen und nicht seitlich. Das Gebiss des Vierbeiners besteht aus unterschiedlichen Zähnen, die unterschiedliche Aufgaben haben. Die großen Backenzähne oder auch Reißzähne genannt, befinden sich im Ober – und Unterkiefer und sind zum Zerkleinern beziehungsweise Zerschneiden der Beute da. Die hinteren, kleineren Backenzähne brechen die Nahrung. Sie schaffen sogar kleine bis mittlere Knochen. Die kleinen und flachen Schneidezähne dienen zum Abkratzen von Fleischresten und außerdem auch für die Fellpflege, um so Parasiten aus dem Fell zu bekommen. Damit Ihr Hund im Laufe der Jahre keine Zahnprobleme bekommt, ist eine Mundpflege ebenfalls wichtig. Heutzutage gibt es viel Auswahl zum Thema Zahnpflege beim Hund. Ultraschallzahnbürsten, Zahncreme, Pulver oder Zusätze ins Wasser. Reden Sie hier am besten mit Ihrem Tierarzt, der kann Ihnen die gesündeste und beste Methode für die jeweilige Rasse nennen.

Der Mischling mit seinen Vor – und Nachteilen

Mittlerweile hat sich der Mischlingshund bei den Deutschen durchgesetzt und zählt zu den beliebtesten „Hunderassen“. Das hat durchaus einen guten Grund. Wir schauen uns mal die Vor- und Nachteile der Mischlingsrassen an. Wenn man Glück hat, ist es nur eine Mischung aus zwei Rassen. Zum Beispiel: Labrador und Border Collie, hier wissen Sie welche Rassen in Ihrem Vierbeiner stecken. Besonders wenn es um das Aktivitätslevel geht, ist dies durchaus förderlich. Ein Labrador ist ein geduldiger und ausgeglichener Hund und wurde ursprünglich zur Jagd gezüchtet, dadurch ist er ein sehr aktiver und arbeitswilliger Hund. Er besitzt eine sehr gute Nase und eine hohe Ausdauer. Der Border Colli ist ihm sehr ähnlich. Er hat eine schnelle Auffassungsgabe und einen ebenfalls hohen Arbeitswille. Allerdings hat der Border Colli einen starken Hütetrieb und neigt dazu, alles zu hüten was sich bewegt. Bei dieser Mischung können Sie also davon ausgehen, einen sehr aktiven und arbeitswilligen Hund zu haben. Bei einem Welpen vom Züchter weiß man genau, was aus dem süßen Welpen einmal wird, wenn er erwachsen ist, auch wie groß er wird und auch welche Mentalität er haben wird. So können Sie sich vorab über die einzelnen Rassen informieren und entscheiden, welche Rasse am besten zu Ihnen und Ihrem Lebensstil passt. Wichtig ist aber eigentlich nur, dass Frauchen, Herrchen und Hund gut zusammenpassen. Auch hier ist die Hundezucht ein positiver Punkt und im Interesse des Tierschutzes. Leider hat die Hundezucht aber auch ihre Macken. Ein Mops der mehr röchelt als ruhig zu atmen, ein Dobermann, der bereits in jungen Jahren an einem Herzfehler stirbt, die deutsche Dogge, die sehr anfällig für eine Magendrehung ist oder der bekannte deutsche Schäferhund mit seinen Hüftproblemen. Diese negativen Eigenschaften der Hundezucht wären allerdings nicht nötig, es ginge auch anders. Das beweisen Zuchtvereine, die gesunde, wesensstarke und lang lebende Welpen vorzeigen können. Möchte man die Hundezucht nicht unterstützen oder einfach lieber einem Hund in Not helfen, kann ein Mischling die Lösung sein. Im Tierheim können Sie den Hund vorab kennenlernen und mit ihm spazieren gehen. Sie merken, ob es von beiden Seiten zusammenpasst. Wichtig hierbei ist natürlich auch die Vorgeschichte des Hundes. Es kann durchaus sein, dass die Mitarbeiter im Tierheim gar nichts über die Vorgeschichte des Hundes wissen, da er vorm Tor ausgesetzt wurde. Andersrum kann es auch möglich sein, dass die Geschichte, die das Tierheim kennt, gar nicht der Wahrheit entspricht. Wenn der Hund dann schon das Erwachsenenalter erreicht hat, haben Sie den Vorteil, dass Sie die Größe des Tieres bereits kennen. Bei der Rasse legen Sie sich aber vermutlich ein Überraschungspacket zu. Wichtig ist es, sich Zeit zu nehmen. Sind Sie sich unsicher ob es passt, schlafen Sie eine Nacht drüber. Wenn Hund und Halter nicht zusammenpassen, hat keiner von beiden Spaß am Zusammenleben. Ein weiteres Argument für Mischlinge ist die Gesundheit. Mischlinge, vor allem bei denen mehrere Rassen inbegriffen sind, haben weniger Inzuchtbelastung. Der sogenannte Heterosis-Effekt kann eine gesteigerte Vitalität bewirken. Noch dazu ist das Risiko, das Ihr Hund an rassetypischen Erbkrankheiten erkrankt, deutlich geringer. Schwierig wird es bei Mischlingen, deren Rassekombination körperlich und charakterlich nicht zusammenpasst. Diese Hunde können sehr anstrengend sein. Was natürlich ein weiterer großer Unterschied ist, ist der Preis. Je nach Hunderasse kann man locker mehr als 1000 € ausgeben, ein Mischling kostet in der Regel höchstens 200 €.

Woher soll der Hund kommen?

Hunde gibt es natürlich nicht nur beim Züchter, das ist klar. Ob aus privater Haltung, dem Tierheim, vom Züchter oder sogar aus dem Ausland, bleibt jedem selbst überlassen. Allerdings sollte man sich das vorab gut überlegen. Vielleicht wollen Sie einem Hund aus dem Tierheim ein neues Zuhause schenken. Es sollte einem bewusst sein, dass Hunde, die im Tierheim leben vorher ein Zuhause hatten. Natürlich kann man nicht pauschal sagen, dass es jedem Hund vorher schlecht ging. Es gibt durchaus auch Hunde im Tierheim die ein großartiges und liebevolles Zuhause hatten aber durch dramatische Veränderungen leider nicht dort bleiben konnte. Leider gibt es aber auch Hunde, die ihren Besitzern aufgrund schlechter Haltung entzogen wurden oder von den Besitzern selbst ins Tierheim gebracht wurden. Diese Hunde können Verhaltensauffälligkeiten zeigen, chronisch krank sein aber auch total lieb und aufgeschlossen.

Der passende Züchter

Züchter gibt es mittlerweile sehr viele und in allen Bundesländern. Je nachdem, für welche Rasse Sie sich entschieden haben, kann es aber auch nötig sein das Sie einen weiten Weg auf sich nehmen müssen. Bei der Wahl des Züchters sollten Sie auf jeden Fall darauf achten, dass es ein Zuchtverein des Verbands für das Deutsche Hundewesen ist, kurz gesagt VDH. Gehört der Züchter diesem Verein an, können Sie davon ausgehen, dass ein sogenannter Zuchtwart diesen im Auge hat. Er kontrolliert, ob die Elterntiere gesund sind und der Verwandtschaftsgrad der Elterntiere nicht zu nah beieinander ist. Diese Kontrollen sollen eine Massenproduktion auf Kosten der Hundegesundheit vermeiden. Auf der Seite des Verbands für Deutsches Hundewesen befindet sich eine hilfreiche Züchtersuchfunktion. Hier können Sie Züchter nach Hunderasse und Ihrer Postleizahl eingrenzen. Wenn ein Züchter seine Welpen über die Zeitung oder das Internet anbietet, sollten Sie vorsichtig sein. Schreiben kann man viel aber Sie können es nur schwer überprüfen. Fragen Sie also in so einem Fall genauestens nach.

Für den Anfang ist es empfehlenswert, sich mehrere Züchter rauszusuchen. Telefonieren Sie mit jedem und schauen Sie, ob die Wellenlänge stimmt. Ein engagierter Züchter wird Ihnen nicht nur alles über seine Hunde erzählen, sondern auch Sie detailliert nach Ihren Lebensumständen, Erfahrungen und Ansprüchen an den Hund fragen. Fragen auch Sie den Züchter alles, was Sie wissen wollen. Hat die Hündin beispielsweise bereits einen Wurf großgezogen, ist diese Routine für die Welpe positiv. Allerdings sollte eine Hündin nicht als Gebärmaschine benutzt werden.

Seriöse Züchter betreuen immer nur einen Wurf und eine Rasse. Manche Züchter verlangen vorab eine Reservierung der

Welpen, erst wenn genug Reservierungen eingegangen sind, werden die Hunde verpaart. Vermittelt Ihnen ein Züchter am Telefon, dass jederzeit Welpen verfügbar sind, ist das kein gutes Zeichen und Sie sollten diesen Züchter aus der Favoritenliste entfernen. Fragen Sie den Züchter auch, wie viele Welpen geboren wurden, ob die Geburt komplikationslos verlief und alle Welpen gut zunehmen. Es kann auch einmal vorkommen, dass ein Welpe bei oder nach der Geburt verstirbt. Das kommt leider vor. Allerdings sollte der Züchter Ihnen genau erklären können, was der Grund dafür war und diesen auch tierärztlich abgeklärt haben.

Bekommt eine Hündin mehr als acht Welpen, kann es sein das nicht alle genug Nahrung bekommen und der Züchter mit der Flasche unterstützen muss. Hinterfragen Sie auch das, denn bei der Aufzucht mit der Flasche kann man Fehler machen, diese können für die Sozialisierung des Welpen negative Folgen haben.

Werden Sie nicht schwach, wenn Ihnen jemand eine herzzerreißende Geschichte erzählt. Die Geschichte der verstorbenen Mutterhündin und liebevoller Handaufzucht der geschwächten Welpen oder so ähnlich, denn das ist leider meist nur eine Masche von Hundehändlern. So wollen Sie ihre „Ware" los werden und versuchen dies über die Mitleidsmasche. Nehmen Sie ihm auf keinen Fall einen Welpen ab, denn so unterstützen Sie die „Massenproduktion". Haben Sie den Verdacht, dass diese Person illegal Welpen vertreibt, meldet Sie dies am besten der Polizei oder dem Veterinäramt.

Als nächsten Schritt sollten Sie den Züchter besuchen. Ein seriöser Züchter wird Ihnen ohne vorherige Besuche auch keinen Welpen vermitteln. Er möchte Sie genauso persönlich kennenlernen, wie Sie ihn. Sie sollten nicht erst einen Tag vor der großen Abholung hinfahren, sondern am besten ein paar

Wochen vorher, um sich einen genauen Eindruck verschaffen zu können und falls nötig eine Nacht darüber zu schlafen, um eine endgültige Entscheidung, welcher Züchter es sein soll, zu treffen.

Schauen Sie sich beim Züchter am besten genau um. Ist die Umgebung, in denen die Welpen aufwachsen ordentlich und sauber? Ein sehr wichtiger Punkt für Welpen, ist die Sozialisierung. Achten Sie darauf, ob die Welpen und die Mutterhündin viel Kontakt zur Familie haben. Haben Sie die Möglichkeit den Alltag der Menschen zu verfolgen und sich frei im Haus zu bewegen? Wie reagiert die Mutterhündin auf Ihren Besuch? Das eine Mutter ihre Welpen beschützt ist ganz normal, doch Sie sollte von Ihrem Halter beruhigt werden können und Ihnen offen und freundlich begegnen, solange Sie Abstand zu den Welpen halten. Stürzen Sie sich nicht ohne zu fragen sofort auf den Nachwuchs, dies kann für Missgunst sorgen und unwissentlich wirken.

Auch der Zustand der Hündin ist sehr wichtig. Welpen zu säugen, ist sehr anstrengend, der Züchter muss darauf achten, dass seine Hündin genug passendes Futter bekommt und nicht zu sehr abnimmt.

Und zum Schluss geht es natürlich auch um die Welpen. Sie sollten lebhaft und neugierig sein. Wenn Sie nicht direkt zur Schlafenszeit kommen, sollten die Welpen auf Sie zukommen und spielen wollen. Das Fell und die Augen der kleinen müssen sauber und glänzend sein. Husten, Durchfall oder klebrige Augen sind keine guten Zeichen.

Fragen an den Züchter:

Werden die Welpen vor der Abgabe geimpft und gechipt?

Diese beiden Punkte sind ein Muss. Wenn Sie Ihren Welpen abholen, sollten Sie einen EU-Heimtierausweis und die Unterlagen für die Anmeldung bei Tasso oder einer anderen Datenbank bekommen.

Wurden Mutterhündin und Welpen entwurmt?

Da einige Parasiten schon im Mutterleib oder beim Säugen übertragen werden können, sollte die Mutterhündin während der Trächtigkeit und Säugezeit entwurmt sein. Die Welpen sollten kurz vor Abgabe entwurmt werden.

Welches Futter bekommen Mutter und Welpen?

Das Futter sollte hochwertig sein, damit Welpen und Mutter genug Energie bekommen, um zu säugen beziehungsweise zu wachsen. Außerdem ist es hilfreich, das Futter der Welpen zu kennen, um sie langsam an Ihr neues Futter zu gewöhnen.

Wann werden die Welpen abgegeben?

Welpen dürfen nicht vor der achten Lebenswoche von der Mutter getrennt werden, jedoch sollte auch nicht zulange gewartet werden. Denn mit zwölf Wochen ist die Sozialisierungsphase weitestgehend beendet und es fällt den Welpen nun schwerer neues zu Erforschung und neutral in ´Situationen zu gehen.

Der Dachverband

Auch genannt: „Verband für das Deutsche Hundewesen", abgekürzt VDH. Dieser Dachverband besteht aus 175 Hundezucht- und Hundesportvereinen. Er hat mehr als 600.000 Mitglieder, rund 8.000 Züchter werden in den 158 Zuchtvereinen organisiert und über 250 Hunderassen betreut. Das Ziel des VDH ist die Zucht gesunder und wesensstarker Rassehunde. Um dieses Ziel erreichen zu können, müssen alle Züchter, die Mitglieder im VDH sind, Sachkunde erwerben und nachweisen, die Regeln des VDHs einhalten und Kontrollen ihrer Zucht akzeptieren. Außerdem vertritt der VDH die Hundehalter in der Öffentlichkeit und auch in der Politik. Er bietet auch Interessierten aus anderen Kreisen notwendige Informationen über alle Aspekte der Hundehaltung und Hundezucht. Darüber hinaus fördert der VDH, in Zusammenarbeit mit der Gesellschaft zur Förderung kynologischer Forschung zahlreiche Forschungsprojekte. Beispielsweise in den Bereichen Molekulargenetik, Tumorforschung bis hin zur Verhaltensbiologie.

Möchte ein Züchter in den VDH aufgenommen werden, ist der erste Schritt die Ausbildung. Angehende Züchter müssen sich fortbilden und Basiswissen für die Zucht erlernen. Ist dieser Teil geschafft, wird ein ausgebildeter Zuchtwart des Rassehundezuchtvereins die Zuchtstätte kontrollieren. Diese muss streng Vorgaben der Zuchtordnung und des Tierschutzgesetzes erfüllen. Im nächsten Schritt wird von Experten geprüft, ob die Hunde für die Zucht geeignet sind. Erscheinungsbild und Verhalten des Hundes werden hier bewertet, außerdem müssen gewisse Gesundheitszeugnisse von Tierärzten vorgelegt werden. Anschließend haben die Zuchtvereine, Zugriff auf die Gesundheitsdaten der Hunde. Sie können prüfen, ob die Verpaarung zulässig ist oder die Gefahr von Erbkrankheiten besteht. Kommt es dann zu einem Wurf, prüft der Zuchtwart den Zustand von Welpen und Mutterhündin. Dieser wird dokumentiert und dem Zuchtverein vorgelegt. Der VDH kontrolliert also zum Wohl der Hunde die Züchter, damit alle Regeln des Tierschutzgesetzes und der Zuchtordnung eingehalten werden.

Rassezuchtverbände

Neben den Dachverbänden gibt es dann auch die sogenannten Rassezuchtverbände. Der Zuchtverband Deutschland e.V. wurde im Jahr 1969 gegründet. Unter anderem hat er sich dem United Kennel Clubs International (UCI) e.V. Wiesbaden angeschlossen, einem internationalen Dachverband. Strenge Rahmenzuchtordnungen nach dem neuesten Stand der Wissenschaft und dem Tierschutz, sowie einheitliche neuartige Ahnenpässe in drei Sprachen sind ein Wertsiegel für Züchter und Hundekäufer. Durch Kompetenz und kontrollierte Zucht in den Mitgliedsvereinen bieten sie eine Eintragung in das Zuchtbuch. Wer Mitglied im Rassehunde – Zuchtverein Deutschland werden will, muss einen Antrag auf Mitgliedschaft beim 1. Vorstand des geschäftsführenden Vorstands richten. Damit ein Rassehunde-Zuchtverein Mitglied werden kann, darf dieser nicht bereits einer anderen kynologischen Dachorganisation angehören oder ein Hundehändler-Verein sein. Die bestehenden Mitgliedervereine des Rassezuchtverbands sind unter anderem der allgemeine Retriever-, Jagd- und Begleithunde-Verein (ARJB), der Arbeits- Begleithundeverein e.V., der Club für Seltene und Kleinhunde, der Verein der Dackelfreunde Deutschland und die Kynologische Gesellschaft Deutschland.

Ahnentafel

Die Ahnentafel des Hundes zeigt den neuen Besitzern vieles über die Vorfahren des Welpen auf. Um einen solchen Stammbaum zu bekommen, müssen bei den Hunden genaue Untersuchungen und Gesundheitschecks durchgeführt werden. Außerdem darf die Zuchthündin nur eine bestimmte Anzahl an Würfen im Jahr bekommen und die Welpen müssen einem Zuchtwart vorgestellt werden. Ein Stammbaum ist vor allem dann sinnvoll, wenn man die Ahnen des Hundes identifizieren möchte, auch hat man die Möglichkeit Krankheiten und Gendefekte zurückzuverfolgen.

Eine Ahnentafel beinhaltet Informationen über den Hund selbst, wie Name, Fell und Augenfarbe, Geburtsdatum oder die tätowierte Nummer. Die Vorfahren gehen meist bis zu den Großeltern zurück. Haben die Vorfahren erfolgreich an Prüfungen teilgenommen oder sonstige Auszeichnungen erhalten, wird auch dies festgehalten. Für den neuen Hundebesitzer wohl am wichtigsten ist die Angabe der gesundheitlichen Befunde der Hunde.

Wichtig ist beim Stammbaum darauf zu achten, dass er die Kennzeichnung des VDH also Verein deutscher Hunde hat. Dann erst sind es international anerkannte und offizielle Papiere. Darüber hinaus kann damit ein hoher Standard des Züchters garantiert werden.

Show- oder Arbeitslinie

Wer sich einen Welpen vom Züchter kaufen möchte, sollte sich außerdem überlegen, welche Zuchtlinie der Hund haben sollte. Unterschieden wird zwischen einer Showlinie auch „klassische Linie“ genannt und einer Arbeitslinie die „Field-Trial-Linie. Für unsere Beispiele schauen wir uns mal den Golden Retriever genauer an.

Showlinie

Diese Linie ist meist stämmiger und größer. Wie der Name schon vermuten lässt, war das Ziel dieser Linie gutaussehende Hunde zu schaffen. Unter anderem wollte man aber auch einen Schwerpunkt auf den Charakter setzen. Hunde aus der Showlinie sind größer, wesensfester und ruhiger. Außerdem sind sie freundlich und bekamen ganz nebenbei auch noch hellere Fellfärbungen. Heutzutage gibt es Golden Retriever die kräftig sind und ein wallendes, cremeweißes Fellkleid besitzen. Vom ursprünglichen Jagdhund ist hier wenig zu sehen. Um zu erkennen welcher Linie der Hund angehört, sollte man auf den Kopf achten. Golden Retriever aus der Showlinie haben einen wesentlich massigeren Kopf als Hunde der Arbeitslinie.

Arbeitslinie

Bei der Field-Trial-Linie werden vor allem die Labradore gepaart, die sich als sehr sportlich bewiesen haben. Meist sind diese kleiner und haben eine feinere Struktur, damit sie gut für den Einsatz bei der Jagd oder im Jagdhundesport eingesetzt werden können. Hier wird also darauf geachtet, Hunde zu verpaaren die zierlicher, kleiner und filigraner sind und dadurch aber schneller und wendiger. Dazu kommt, dass diese Hunde meist nervöser wirken, dies liegt daran das diese Linie arbeiten will. Sie haben einen ausgeprägteren Wunsch zu gefallen und Aufgaben zu erfüllen. Anfängern werden deshalb eher Hunde aus der Showlinie empfohlen.

Der Kaufvertrag

Auch wenn die Vorfreude auf den Welpen groß ist, sollte ein genauer Blick auf den Vertrag geworfen werden. Manche Vereinbarungen im Vertrag sind rechtlich problematisch, wie beispielsweise, „gänzlicher Ausschluss der Gewährleistung". Ist der Welpe bereits vor dem Kauf krank und der Züchter hat Ihnen das verschwiegen, haben Sie kein Recht auf Gewährleistung. Ebenfalls sollten Klauseln, die überzogene Besuchsrechte, Kastration oder jegliche Strafen in Bezug auf Vertrag oder Konventionen beinhalten vom Käufer niemals akzeptiert werden. Ebenfalls kritisch zu sehen, sind Rückübertrageverpflichtungen wenn der Züchter zum Beispiel der Meinung ist, dass der Hund nicht ordnungsgemäß gehalten wird. Was allerdings nicht im Vertrag fehlen darf, sind die Zahlungs- und Übergabemodalitäten, diese müssen genau aufgeführt werden. Ratsam ist es, bei ausländischen Verkäufern oder Überlassern auf Gerichtsstands- und Rechtswahl-vereinbarungen zu achten. Nicht mit jedem Vertrag sind Sie uneingeschränkter Eigentümer des Tieres. Lassen Sie sich vom Züchter jede Klausel erklären, ist er dazu nicht bereit ist seine Seriosität zu hinterfragen. Wenn Sie auf Nummer sicher gehen wollen, lassen Sie sich zum Vertrag rechtlich Beraten.

Der Einzug

Endlich ist es soweit, der Welpe darf einziehen. Bevor der Welpe einzieht, sollten Sie natürlich alles vorbereiten. Das Hundekörbchen sollte auf seinem Platz stehen, das Futter sollte bereitstehen, die Leine und das Geschirr sollten Sie auch bereit dahaben. Sobald der Welpe Zuhause ankommt, braucht er natürlich etwas zu trinken, stellen Sie ihm also am besten gleich bei Ankunft eine Schüssel frisches Wasser zur Verfügung. Bevor Sie den Welpen abholen, sollten mögliche Arbeiten im Haus erledigt sein beziehungsweise verschoben werden. Räumen Sie das Haus vorher auf um den Welpen nicht am ersten Tag schon mit Geräuschen, wie dem Staubsauger oder der Bohrmaschine, zu überfordern. Außerdem sollten giftige Pflanzen sowie Elektrokabel für den Hund unerreichbar sein, steile Treppen sicherheitshalber versperrt und die teuren Teppiche in Sicherheit gebracht werden. Für Ihren Welpen ist der Umzug mit großem Stress verbunden, neue Gerüche, neue Menschen, eine neue Umgebung. Lass Sie Ihrem Welpen genug Zeit, um anzukommen, bieten Sie ihm viel Ruhe, Streicheleinheiten und Geduld. Vielleicht haben Sie die Möglichkeit vom Züchter ein Spielzeug oder eine Kuscheldecke mitzunehmen, damit Ihr Welpe ein kleines Stück von seinem alten Zuhause in sein neues Zuhause mitnehmen kann. Der erste Schritt Ihres Welpen in sein neues Zuhause, ist die Autofahrt. Lassen Sie sich genug Zeit, um dem Welpen die Umgebung zu zeigen. Zeigen Sie ihm, dass das Auto nichts Negatives ist. Bei manchen Züchtern machen die Welpen schon erste Erfahrungen mit dem Autofahren, dies ist aber nicht die Regel. Am besten ist es, wenn Sie sich eine Transportbox besorgen, in der Sie etwas mit bekannten Gerüchen hineinlegen, wie zum Beispiel eine Decke Während der Fahrt sollten Sie nicht auf jedes Winseln des Welpen reagieren, versuchen sie aber dennoch Kontakt zum

Tier zu halten, um ihm Sicherheit zu geben. Für alle Fälle ist eine Rolle Zewa ebenfalls nicht verkehrt, falls Ihrem Welpen unter der Fahrt übel werden sollte. Lass Sie Ihren Welpen als erstes Zuhause ankommen, es ist nicht empfehlenswert nach der Autofahrt sofort eine große Gassi Runde einzulegen, dies könnte Ihren Welpen überfordern.

Eingewöhnungszeit

In der Eingewöhnungszeit heißt es viel Geduld zu haben. Ihr Welpe soll sich ganz in Ruhe umsehen können, Gerüche wahrnehmen und verarbeiten und seinen Schlafplatz entdecken. Andere Menschen, auch wenn Sie zur Familie gehören, sollten den Welpen am ersten Tag nicht bedrängen. Geben Sie ihm die Chance von Anfang an positive Erfahrungen in seinem neuen Zuhause zu sammeln.

Auch wenn Ihr Welpe nun viel Zeit benötigt, ist es wichtig, dass er von Anfang an lernt, was er darf und was nicht. Am besten funktioniert das, wenn Sie unerwünschtes Verhalten ignorieren und erwünschtes Verhalten durch Lob und Leckerli belohnen. Ein Beispiel wäre das Winseln, dies ist vor allem am Anfang völlig normal. Ignorieren Sie dieses Verhalten und belohnen Sie Ihren Welpen, wenn er von selbst damit aufhört. Beobachten Sie Ihren Welpen gut, in der Regel müssen Welpen alle 2 Stunden auf die Toilette, meistens ist das nach dem spielen, schlafen oder fressen. Kommen Sie Ihrem Welpen zuvor und gehen Sie regelmäßig mit ihm raus, so funktioniert es schneller mit der Stubenreinheit. Wichtig zu wissen ist hier, dass ein Welpe erst mit vier Monaten seinen Schließmuskel eigenständig kontrollieren kann, davor verrichtet er sein Geschäft, wann er muss, egal ob es gerade passt oder nicht.

Ihr Welpe soll natürlich auch die Umwelt erkunden, bedenken Sie aber dass Ihr Vierbeiner noch nicht so aktiv ist. Als

Faustregel sagt man, pro Lebenswoche eine Minute spazieren gehen. Bei einem Welpen von 10 Wochen sind das also 10 Minuten. Merken Sie, dass er müde wird, treten Sie den Heimweg an. Welpen brauchen noch sehr viel Schlaf, bis zu 22 Stunden täglich. Im Schlaf verarbeiten sie das Erlebte und tanken neue Energie. Achten Sie darauf, dass Ihr Welpe mehrmals am Tag die Möglichkeit hat, seine Schlafpausen einzuhalten.

Übungen und Regeln für Zuhause

Für ein friedliches und stressfreies Zusammenleben mit dem Welpen, ist eine konsequente, aber liebevolle Erziehung sehr wichtig. Hunde sollen von Anfang an Ihre Position in der Familie lernen und ihre Grenzen kennen. Das wirkt sich nicht nur positiv auf die Stimmung im Haus aus, sondern auch auf die Entwicklung des Hundes.

Hunde brauchen klare Strukturen und Regeln um sich Wohlzufühlen. Ein unsicherer und inkonsequenter Besitzer, verwirrt den jungen Hund und kann zu unerwünschten Verhaltensweisen führen. Ein Welpe hat natürlich keine Ahnung was er darf und was nicht, das müssen Sie ihm sagen – Stichwort Bezugsperson. Bei einem Welpen konsequent zu bleiben, ist bestimmt nicht leicht, doch was er als erwachsener Hund nicht darf, sollte er als Welpe auch nicht dürfen. Erlauben Sie Ihrem Welpen auf die Couch zu kommen, denn er ist ja so süß, ist es nur schwer, ihm das wieder abzugewöhnen. Setzen Sie klare Regeln, wie Sie sich das Zusammenleben vorstellen, welches Verhalten ist Ihnen wichtig und welches tolerieren Sie nicht. Nur so kann Ihr Welpe lernen wo sein „Platz“ ist.

Das Training richtig aufbauen

Damit Ihr Hund etwas lernen kann, braucht er klare Kommandos und eindeutige Signale. Sie sollten einen ruhigen, aber dennoch entschlossenen Tonfall haben und eine eindeutige Körpersprache. So geben Sie Ihrem Hund ein Gefühl von Sicherheit. Überlegen Sie sich zuerst welches Kommando Sie beibringen wollen und wie genau es aussehen soll. Bei „Komm“ oder „Hier“ zum Beispiel, sollten Sie sich überlegen, ob der

Hund nur zu Ihnen kommen soll, ob er sich neben Sie setzen soll oder ob er sich vor Sie setzen soll. Überlegen Sie sich auch eine passende Handbewegung oder Geste. Definieren Sie Ihr Trainingsziel so genau wie möglich, Hunde sind Meister im Mienenspiel, sie reagieren oft schneller auf eine einfache Handbewegung als auf komplizierte Sätze. Vermeiden Sie lange Sätze. Für das Lernen sind kurze eindeutige Anweisungen, die immer mit derselben Verhaltensweise verknüpft sind, enorm wichtig.

Um dem Welpen Freude am Lernen zu bereiten, sollten Sie mit viel Lob und Leckerchen arbeiten. Durch Lob und Belohnungen bekommt Ihr Hund Motivation, dies spielt eine große Rolle in der Erziehung. Bestrafen Sie Ihren Hund, führt das eher dazu, dass Ihr Hund keine Motivation hat und somit auch eher vermeiden wird mit Ihnen zu arbeiten.

Hunde verbinden die Reaktionen ihrer Besitzer immer in unmittelbarem Bezug zur aktuellen Situation, heißt also Sie müssen Ihren Welpen unmittelbar nachdem er das gewünschte Verhalten gezeigt hat auch dafür belohnen. Eine Belohnung hat den besten Effekt, wenn Sie Ihrem Welpen ein Leckerli geben und mit fröhlichen Worten loben. Achten Sie aber bei der Gabe von Leckerchen darauf, dass es nicht zu viele werden und ziehen Sie die Portion von seiner täglichen Futterration ab, sonst kann es sehr schnell passieren, dass Ihr Welpe zu dick wird.

Das richtige Timing bei der Welpenerziehung ist von großer Bedeutung. Funktioniert ein Kommando partout nicht, sollten Sie darauf achten, ob sich ein Fehler eingeschlichen hat. Merken Sie sich immer die Abkürzung „K.I.T“, ausgeschrieben heißt das: **K**onsequenz - **I**ntensität - **T**iming. Diese drei Sachen sollten beim Training immer passen.

Bevor Sie eine Trainingseinheit starten, sollte Ihr Welpe bereit dafür sein. Während er gerade mit einem neuen Spielzeug spielt oder vom Spaziergang einfach müde oder hungrig ist, sollten Sie keine Trainingseinheit beginnen. Welpen sind zwar sehr neugierig und lernfreudig, können sich aber noch nicht lange konzentrieren. Wählen Sie deshalb am Anfang leichte Übungen wie Sitz, Platz oder Pfote geben.

Versuchen Sie die Erziehung Ihres Welpen in den Alltag zu integrieren. Wartet er brav vor der Badezimmertüre, ohne zu winseln oder an der Türe zu kratzen, belohnen Sie ihn. Wartet er brav auf sein Futter, ohne zu winseln oder an Ihnen hochzuspringen, belohnen Sie ihn. Genauso auch, wenn es klingelt und Ihr Hund nicht bellt. Ebenfalls wichtig bei der Welpenerziehung sind nicht nur Kommandos, sondern auch die Hausregeln und der Umgang mit fremden Menschen. Sie müssen Ihrem Welpen sagen, dass Möbel nicht zum Kauen da sind und Menschen beim Beißen empfindlicher sind als die Geschwister. Das Betteln am Tisch mit übermäßigen Knurren, bellen und winseln, trainieren Sie dem Welpen am besten ab, indem Sie dieses Verhalten konsequent ignorieren. Konsequentes Ignorieren bedeutet, den Hund weder anzuschauen noch anzufassen oder anzusprechen. So lernt der Hund, dass betteln am Tisch keinen Erfolg verspricht.

Übungen

Stubenreinheit

Hunde lernen in der Regel sehr schnell stubenrein zu werden, vorausgesetzt das Training wird richtig durchgeführt. Ein Welpe kann erst mit 4 Monaten seinen Schließmuskel kontrollieren, vorher macht er einfach, wenn er muss, ob es nun passt oder nicht. Dies sollten Sie beim Training beachten und Ihrem Hund nicht böse sein, wenn er sein Geschäft mal nicht draußen verrichtet. Im Gegensatz zu einem Junghund, kann der Welpe es also nicht einfach halten, weil er gerade nicht in den Garten kann. Am besten funktioniert das Training, wenn man weiß, wann der Welpe muss. Als Faustregel sagt man: nach dem fressen, nach dem schlafen und nach dem spielen. Um den richtigen Zeitpunkt zu finden, sollten Sie Ihren Welpen immer im Auge behalten. Schnüffelt er auffällig viel am Boden, ist unruhig und dreht sich um sich selbst, sind das Zeichen dafür, dass er sich ein Plätzchen zum Lösen sucht. Ein regelmäßiger Rhythmus kann ebenfalls helfen. Welpen unter drei Monaten müssen ungefähr alle 1,5 – 2 Stunden raus. Zwischen dem dritten und vierten Monat sind es dann etwa alle 3 Stunden. Doch auch hier gilt, jeder Hund ist anders. Beobachten Sie Ihren Hund und lernen Sie die Anzeichen zu deuten. Gehen Sie mit Ihrem Welpen dann nach draußen kann es allerdings sein, dass er alles andere Interessanter findet und gar nicht daran denkt sein Geschäft zu verrichten. Hier empfiehlt es sich, dass Sie sich einfach an einen Punkt stellen und warten. Alternativ können Sie aber auch einige Schritte vor und zurück machen. Die Umgebung sollte für den Welpen reizarm sein, das heißt keine Ablenkung. Sollte es doch mal ein Malheur im Haus geben, können Sie dies zur Unterstützung nutzen. Saugen Sie das Pipi mit einer Zeitung auf und legen es draußen auf die Wiese. So schaffen Sie eine Verbindung zwischen Pipi und Wiese. Macht Ihr Hund dann wie gewünscht draußen sein Geschäft, loben Sie Ihn überschwänglich als wäre gerade etwas Großartiges passiert, gerne können Sie ihm auch ein Leckerli geben. Warten Sie aber unbedingt mit dem Lob, bis Ihr Welpe fertig ist, sonst kann es passieren das er es unterbricht.

Damit das Training auch nachts funktioniert, können Sie sich einen Welpenfreilauf besorgen in diesem der Hund ein Körbchen stehen hat und darin schläft. Platzieren Sie diesen Freilauf ganz in Ihrer Nähe, am besten im selben Raum. Da Hunde sehr reinliche Tiere sind, wird er sich intuitiv bemerkbar machen, wenn er muss. Dann muss es schnell gehen. Haben Sie deshalb, Schuhe, Jacke und was Sie alles brauchen, griffbereit.

Der Vorteil hier ist, dass Ihr Hund lernt, dass ihn bemerkbar machen, in Form von winseln oder kratzen, nach draußen führt. Dies kann für die Zukunft sehr hilfreich sein.

Ganz wichtig ist beim gesamten Training nicht schimpfen! Missgeschicke können passieren und das ist auch nicht schlimm. Passiert es mal im Haus macht der Welpe dies nicht, um Sie zu ärgern. Hier würde schimpfen nur dazu führen, dass Ihr Welpe eine Angst entwickelt und sich im schlimmsten Fall sich nicht mehr traut, in Ihrer Gegenwart, sein Geschäft zu verrichten.

Ein weiterer Tipp ist, dass reinigen der Stelle im Haus. Da Hunde einen sehr guten Geruchssinn haben, können Sie die Hinterlassenschaft auch noch riechen, obwohl Sie die Stelle bereits gereinigt haben. Das einzige was den Geruch für den Hund wirklich überdeckt ist ein Essig-Wasser-Gemisch. So bleiben keine Duftstoffe mehr zurück und der Hund sieht diese Stelle nicht als „Stammplatz".

Das Wichtigste zusammengefasst:

- Erst mit 4 Monaten kann ein Welpe seinen Schließmuskel kontrollieren.
- Mindestens alle zwei Stunden dem Hund die Gelegenheit geben sich zu erleichtern.
  Am besten auch nach dem Schlafen, Fressen und Spielen
- Deutliche Zeichen sind schnüffeln am Boden, Unruhe und um sich selbst drehen.
- Vergessen Sie nicht, dass jeder Hund anders ist
- Funktioniert das Geschäft draußen, loben Sie Ihren Hund überschwänglich.
  Achten Sie aber darauf, dass er mit seinem Geschäft fertig ist, um ihn nicht zu unterbrechen.
- Für die Nacht empfiehlt sich ein Welpenfreilauf neben Ihrem Bett.

- Bei Missgeschicken den Hund niemals schimpfen.
- Reinigen Sie die Stellen im Haus mit einem Essig-Wasser-Gemisch.
- Eine Zeitung mit dem Pipigeruch auf die Wiese legen, kann Ihrem Hund helfen sich dort wohl zu fühlen.

Allein bleiben

Ist Ihr Welpe etwa 12 – 18 Wochen alt, können Sie anfangen, dass allein bleiben zu üben. Es gibt immer wieder Situationen, in denen der Hund nicht mitkommen kann und das sollte er am besten früh lernen. Integrieren Sie diese Übung am besten im Alltag mit ein. Verlassen Sie immer mal wieder das Zimmer, ohne Ihren Hund zu beachten und kommen Sie nach einigen Sekunden wieder rein, ebenfalls ohne Ihren Hund zu beachten. Wiederholen Sie diese Übung so oft, bis Sie merken Ihr Hund ist entspannt. Erst dann können Sie anfangen das Haus zu verlassen. Ganz wichtig ist, übertreiben Sie es nicht. Verlängern Sie die Zeit, in der Sie weg sind, nur im Minutentakten und achten Sie immer drauf, wie Ihr Hund reagiert. Am besten ist es, wenn Sie eine Kamera in die Wohnung stellen und so Ihren Welpen beobachten können. Sehen Sie, dass er unruhig hin- und herläuft, sind Sie bereits zu lange weg. Ihr Hund darf bei dieser Übung nicht in Stress verfallen.

Leinenführigkeit

Das laufen an der lockeren Leine sollte von Anfang an geübt werden. Ein Hund, der an der Leine zerrt, kann im Erwachsenenalter ein echtes Problem werden. Um dem Hund klarzumachen, dass er nicht weiter kommt, wenn er zieht, sollten Sie jedes Mal, wenn die Leine gespannt ist, stehen bleiben. Lockert der Hund die Leine, wenn auch nur minimal, gehen Sie sofort weiter. Das Problem bei dieser Übung ist, dass es sehr schwer ist dem Welpen deutlich zu machen, dass es nur weiter geht, wenn die Leine sich lockert. Bis wir sehen, dass die Leine nun locker ist, vergehen einige Sekundenbruchteile, der Welpe merkt es wesentlich früher, wodurch wir eigentlich schon viel zu spät reagierten. Eine andere Methode ist der Richtungswechsel. Diese Übung sollte allerdings nur an einem Geschirr und nicht am Halsband geübt werden. Zieht Ihr Hund an der Leine, drehen Sie schlagartig um und gehen in die entgegengesetzte Richtung. Wichtig ist, dass Sie Ihren Hund dabei nicht ansprechen. Geht Ihr Hund dann wieder brav neben Ihnen, können Sie in einem kleinen Bogen wieder in die richtige Richtung gehen. Es empfiehlt sich diese Übung nicht beim ersten Spaziergang des Tages zu machen. Nehmen Sie am besten für den normalen Spaziergang ein Halsband und für die Trainingseinheit „Leinenführigkeit“ ein Geschirr. Hunde können das durchaus unterscheiden lernen, wichtig ist nur, dass am Geschirr dann auch wirklich auf die Leinenspannung geachtet wird.

Rückruf

Jeder Hundehalter freut sich, wenn er seinen Hund von der Leine lassen kann und dieser frei über die Wiese laufen kann. Doch dazu muss der Rückruf verlässlich funktionieren. Sie müssen also interessanter sein als alles andere. Doch erstmal zum Training, im Alltag können Sie Ihren Welpen öfter mal rufen, macht er sich auf den Weg zu Ihnen, dann bestätigen Sie ihn bereits mit Lob und überfreudiger Stimme, dass er auf Sie zukommt. Ist er dann bei Ihnen, gibt es eine super Belohnung, je nachdem was Ihr Hund gerne hat, kann dies ein Leckerli sein oder auch eine Spielrunde. Beim Spaziergang können Sie das Training weiter ausbauen. Machen Sie Ihrem Welpen das Geschirr dran und eine Schleppleine, nun lassen Sie dem Hund ein wenig Leine zum Laufen. Dann rufen Sie ihn, kommt er sofort, reagieren Sie mit überfreudiger Stimme und Bestätigung, dass er auf Sie zukommt und wieder folgt ein Leckerli, wenn er dann ganz bei Ihnen ist. Genauso üben Sie das immer weiter, funktioniert es recht sicher, können Sie Ihm ein bisschen mehr Leine zur Verfügung stellen, somit kann er sich weiter von Ihnen entfernen. Funktioniert auch dies Problemlos, können Sie Ablenkungen einbauen, wie zum Beispiel ein anderer Hund oder ein Spaziergänger.

Rufen Sie Ihren Hund zu sich, hat er zwei Sekunden Zeit sich auf den Weg zu Ihnen zu machen, macht er das nicht, nehmen Sie die Leine in die Hand und ziehen ihn zu sich. Das klingt vielleicht ein bisschen brutal, ist es aber nicht. Sie ziehen ein bisschen an der Leine, rufen den Hund nochmal und loben überschwänglich, wenn er von selbst kommt. Lass Sie nämlich den Welpen einfach, wenn er nach Ihrem Ruf nicht zu Ihnen kommt, lernt er auch nie was das Kommando „Hier" bedeutet.

Sitz

Nehmen Sie sich ein paar Leckerlis in die Hand und stellen Sie sich vor Ihren Hund. Nun zeigen Sie ihm das Leckerli, geben es ihm aber nicht. Führen Sie nun das Leckerli etwas oberhalb seiner Nase in Richtung Rücken des Hundes. Um leichter an das Leckerli zu kommen wird sich Ihr Hund automatisch setzen. Dann folgt sofort ein Lobwort und das Leckerli. Es empfiehlt sich, gleich ein Auflösesignal mit einzubauen, damit Ihr Hund lernt, dass er erst wieder aufstehen darf, wenn das Auflösesignal kommt. Sitzt Ihr Hund und bekam seine Belohnung, sagen Sie ein Wort wie „OK" oder „Los", wie Sie möchten. Locken Sie ihn am besten gleich noch mit einer Handbewegung dazu, wieder aufzustehen. Haben Sie dies nun einige male geübt und Ihr Hund setzt sich bereits hin, ohne dass Sie das Leckerli über seine Nase führen müssen, hat er verstanden was Sie von Ihm wollen. Nun können Sie ein Kommando einführen. Sie halten das Leckerli hoch, ohne es über seine Nase zu führen und während noch der Hintern des Hundes Richtung Boden geht, sagen Sie „Sitz“. Sobald der Hintern ganz am Boden ist, gibt es die Belohnung.

Tipp: Springt Ihr Hund während dieser Übung hoch, sind sie mit Ihren Bewegungen zu schnell oder das Leckerli zu weit vom Hund entfernt.

Platz

Um Ihrem Hund „Platz“ beizubringen, ist es von Vorteil, wenn er das Kommando „Sitz“ bereits beherrscht. Setzen Sie sich hierzu am besten auf den Boden, dass erleichtert Ihnen die Übung. Ihr Hund sollte vor Ihnen sitzen. Nun nehmen Sie ein Leckerli und zeigen es Ihrem Hund. Führen Sie das Leckerli dann von seiner Nase in Richtung Boden und ein klein wenig von Ihrem Hund weg. Ihr Hund wird dem Futter folgen wollen und sich daraufhin hinlegen. Auch hier sollten Sie, wie beim „Sitz“ auch, ein Auflösesignal einbauen. Legt Sich Ihr Hund dann nach einigen Übungen fast von selbst hin, können Sie das Kommando einfügen. Also während der Körper in Richtung Boden geht, sagen Sie „Platz“.

Pfote

Diese Übung ist im „Sitz“ am einfachsten aber nicht zwingend notwendig. Nehmen Sie sich wieder ein Leckerli in die Hand und zeigen Sie es Ihrem Hund. Verstecken Sie dann das Leckerli in Ihrer Faust und halten Sie es Ihrem Hund hin. Ihr Hund wird das Leckerli in Ihrer Hand riechen und versuchen ran zu kommen. Manche Hunde versuchen es am Anfang mit der Schnauze, korrigieren Sie Ihren Hund hier nicht, sondern ignorieren Sie dieses Verhalten einfach. Irgendwann wird er dann mit der Pfote auf Ihre Hand gehen. Da dies meist nur ein sehr kurzer Moment ist, müssen Sie mit dem Lobwort sehr schnell sein und sofort im Anschluss oder am besten gleichzeitig die Hand öffnen, damit sich Ihr Hund das Leckerli nehmen kann. Hier gilt ebenfalls, zeigt Ihr Hund das gewünschte Verhalten, können Sie ein Kommando einfügen.

Merke:

Für alle Trainingseinheiten gilt, lieber weniger als zu viel. Üben Sie immer nur circa 5 bis höchstens 10 Minuten, bei Welpen reichen 3 bis 4 Minuten völlig aus. Lieber kurze Trainingsfrequenzen aber dafür mehrmals am Tag. Hunde sollten beim Training nicht in Stress geraten, haben Hunde ein gewisses Stresslevel erreicht, können sie nicht mehr lernen.

Clicker als Hilfsmittel

Clickern ist eine Trainingsmethode, um seinem Hund zu sagen, welche seiner Verhaltensweisen erwünscht ist. Dabei betätigen Sie den Clicker, er macht ein Click-Geräusch und der Hund bekommt daraufhin, bei korrektem Verhalten, eine Belohnung. Diese Trainingsmethode basiert auf wissenschaftlichen Erkenntnissen der Verhaltensforschung und orientiert sich am Lernverhalten der Tiere. Was durchaus positiv ist, der Clicker ist individuell einsetzbar. Ob bei Verhaltensproblemen, für Tricks oder Kunststückchen oder einfach nur für die Grunderziehung. Beim Clicker-Training wird auf Korrektur und körperliche Einwirkung verzichtet, weshalb es auch für verhaltensgestörte Tiere gut geeignet ist. Sie kommunizieren mit dem Hund, ohne Ängste zu wecken. Der Clicker ist eine uneingeschränkte positive Methode. Es motiviert den Hund und macht dem Halter ebenfalls Spaß. Im Training lernt der Hund, zu lernen.

Wie es funktioniert?

Clickern kann grundsätzlich jeder, allerdings ist es kein Allheilmittel, das alle Probleme schlagartig beseitig. Für ein erfolgreiches Training ist positive Bestärkung als Basis essenziell. Wie wir Menschen auch, lernen Hunde durch Verhalten. Zeigt der Hund ein Verhalten, das wir nicht möchten, ist die Konsequenz meist negativ (damit mein ich keine Strafen, egal in welcher Form). Schauen wir uns ein Beispiel an:

Sie richten das Futter für Ihren Hund her, währenddessen sitzt er neben Ihnen und winselt und bellt. Die negative Konsequenz hieraus ist, er bekommt das Futter nicht. Hört er allerdings auf zu winseln und zu bellen, bekommt er als positive Konsequenz das Futter hingestellt. Nach einigen Wiederholungen wird der Hund also Lernen „Wenn ich ruhig bin, bekomme ich mein

Futter viel schneller und wenn ich jammere und meckere, komme ich nicht an mein Ziel“. Somit wird Ihr Hund dieses Verhalten eher wieder zeigen als das davor.

Der Schlüssel des Trainings ist also: Belohnen von positivem Verhalten.

Welche Belohnung der Hund bekommt, hängt ganz davon ab was er mag. Hat man einen Hund, der auf Leckerlis überhaupt nicht anspringt, kann auch eine Spielrunde als Belohnung wirken. Vermutlich kommt Ihnen das schon bekannt vor, wenn Sie Ihrem Hund beispielsweise das „SITZ“ beibringen, belohnen Sie ihn ja schließlich auch, wenn er sich setzt. Genauso funktioniert auch das Clicker-Training, es basiert also auf einem Belohnungssystem. Wichtig beim Clicker-Training ist das Timing, wir müssen sehr schnell reagieren. Unsere Hunde können nur eine Verbindung zwischen Verhalten und unserer Reaktion herstellen, wenn diese innerhalb von einer Sekunde erfolgt. Haben Sie also einen quirligen Terrier, der nicht still sitzen kann und Sie oder Besucher zur Begrüßung anspringt, müssen Sie ihn belohnen, wenn alle vier Pfoten den Boden berühren. Dieses Verhalten zeigt er anfangs aber nur, wenn er wieder Schwung holt, um erneut hoch zu springen. Dieses Zeitfenster ist, vermutlich nur einige Millisekunden groß, in denen es Ihnen eigentlich kaum möglich ist, Ihrem Hund ein Leckerli zu reichen oder ihn mit einem Lobwort zu bestätigen. Bis Sie soweit sind, springt Ihr Vierbeiner längst wieder hoch. Wie sie bemerken, ist es gar nicht so einfach, den richtigen Moment abzupassen und dann innerhalb einer Sekunde das Leckerli aus der Tasche zu ziehen oder das Lobwort auszusprechen. Hier kommt der Clicker zum Einsatz. Der Clicker ist in der Regel ein kleines rechteckig oder ovales Stück Plastik mit einer Art Knopf drauf, drücken Sie den Knopf, ertönt ein Klickgeräusch – ähnlich wie bei einem Knallfrosch. Dieses „Clickclack“ des Klickers ist klar und markant und vom

Hund deutlich zu hören. Haben Sie nun diesen Klicker in der Hand und Ihr quirliger Terrier hat alle vier Pfoten für eine ganz kurze Zeit auf dem Boden, müssen Sie nur den Knopf drücken. Dies geht viel schneller als ein Lobwort zu sprechen oder das Leckerli aus der Tasche zu ziehen. Ihr Hund lernt schnell, dass die Belohnung nur kommt, wenn er nicht springt.

Der Clicker ist also ein Hilfsmittel, dass es Hundebesitzern möglich macht, präzise auf das gewünschte Verhalten zu reagieren. Bis der Clicker aber so einsetzbar ist, muss der Hund lernen, welche Folgen das Geräusch des Clicker hat, und zwar Leckerli oder Spielzeug, je nachdem was er lieber mag. Um Ihrem Hund beizubringen, was der Clicker zu bedeuten hat, muss eine Konditionierung stattfinden, dies geht in der Regel recht schnell. Um diese Konditionierung zu erreichen, stellen Sie sich mit dem Clicker vor Ihren Hund. Ihr Hund kann stehen, sitzen oder liegen, das ist völlig egal. Nun betätigen Sie den Clicker und sofort im Anschluss folgt ein Leckerli. Diesen Vorgang wiederholen Sie immer und immer wieder. Irgendwann merken Sie, dass Ihr Hund nach diesem Klick bereits das Leckerli erwartet, dann hat er es verstanden. Man sagt, dass ungefähr 100 Wiederholungen notwendig sind, bis der Hund eine Verbindung zwischen „Klick“ und Leckerli hergestellt hat. Dann weiß der Hund auf dieses „Klick“ folgt eine Belohnung und er hat etwas richtig gemacht.

Was macht das Clickern so besonders?

Hunde die „geklickert“ werden, sind aktiver und mitdenkender, da sie durch die Clicks präzise darüber informiert werden, welches Verhalten gut ist. Dies machen sie von sich aus, sie müssen nicht korrigiert oder geführt werden. Erfahrene Clickertrainer können auch auf das Locken völlig verzichten, was wiederum angenehm für den vierbeinigen Partner ist und Lust auf Mehr macht. Vor allem komplizierte Übungen werden durch den Clicker einfacher. Die Übung kann durch Bestätigung, des ersten Ansatzverhaltens, immer weiter ausgebaut und geformt werden. Echtes Clickertraining beinhaltet keine Strafen, unerwünschtes Verhalten wird mit Köpfchen statt mit Gewalt trainiert. Hunde haben somit im Training keine Angst Fehler zu machen und können sich unbefangen auf ihre Aufgabe stürzen. Clickern ist für Hunde Kopfarbeit, es fördert das Denken und Problemlösen. Wenn Hunde gelernt haben durch eigenes Denken und Handeln Probleme zu lösen, behalten sie auch in kritischen Situationen eher einen klaren Kopf und werden weniger von Emotionen überrumpelt. Davon abgesehen fördert es die Ausdauer, Kreativität, das Selbstbewusstsein und den Optimismus. Für Hunde mit Angst- oder Aggressionsproblemen ist diese Trainingsmethode sehr gut und wird deshalb oft in der Verhaltenstherapie eingesetzt.

Fehler beim Clickern

Ein sehr wichtiger Faktor beim Clickertraining ist die Folge der Belohnung. Auf den Clicker muss immer eine Belohnung folgen. Der Hundehalter sollte nicht Clickern, wenn der Hund nicht belohnt werden soll. Egal ob es Unachtsamkeit war oder weil man dachte der Hund zeigt das gewünschte Verhalten, tat es aber doch nicht. Das klicken darf in diesem Fall nicht einfach ignoriert werden. Passiert es öfter das geklickt wird, der Hund aber sein damit versprochenes Leckerli nicht bekommt, lässt die Verknüpfung von Click und Leckerli nach und verliert an positiver Bedeutung. Der Effekt hierbei ist meist größer, als wenn Sie auch beim falschen Verhalten ein Leckerli gegeben hätten. Also Merke: Der Klick ist das Versprechen auf eine Belohnung und Versprechen bricht man nicht!

Das Timing ist beim Clickertraining von großer Bedeutung, um eine Verbindung zwischen dem „Klick“ und seinem Verhalten zu erhalten, muss im richtigen Moment geklickert werden. Weder zu früh noch zu spät. Oft wird zu spät geklickert, wenn dem Trainer noch nicht klar ist, welches Verhalten genau belohnt werden soll. Soll er beispielsweise den Stuhl berühren oder reicht es, wenn er ihn anschaut? Während der Halter noch überlegt, widmet sich der Hund vermutlich schon wieder etwas anderem, es kommt somit, durch das zu späte Clickern, zu einer Fehlverknüpfung.

Zeigt der Hund das gewünschte Verhalten schon recht sicher, gehen Sie normalerweise einen Schritt weiter, er soll beispielsweise den Stuhl nicht nur berühren, sondern die Pfote drauflegen. Oft gehen die Halter aber zu schnell einen Schritt weiter, die Folge ist, der Hund versteht nicht mehr, was Sie von ihm wollen und es baut sich Frust auf. Dies ist weder für Sie noch für den Hund schön. Warten Sie lieber etwas länger, manche Hunde gehen von selbst einen Schritt weiter und probieren Neues.

Ebenfalls kann zu frühes Clickern, zu Fehlverknüpfungen führen. Clickern Sie bereits bevor der Hund das gewünschte Verhalten noch nicht voll gezeigt hat, wird die Übung durch den „Klick“ beendet und der Hund kann dies falsch verknüpfen.

Um solche Fehler zu vermeiden, sollten Sie genau planen was Sie erreichen wollen und was der erste Schritt ist, den der Hund zeigen soll. Unterteilen Sie die Übung in kleine Teile und arbeiten Sie sich lieber langsamer ans Ziel als zu schnell.

Verhaltensstörungen

Unter einer Verhaltensstörung versteht man nicht ein Verhalten, das den Menschen stört, sondern ein Verhalten, dass dem Tier selbst schadet oder es schwer beeinträchtigt.

Stereotypien und Zwangsverhalten

Unter einer Stereotypie versteht man ein wiederholendes, zwanghaftes Verhalten, das in keiner Weise im Zusammenhang mit der aktuellen Situation steht. Der Unterschied zwischen Zwangsverhalten und Stereotypie besteht darin, dass das Verhalten zwar ebenfalls wiederholt wird, allerdings ohne feste Muster. Die Vorgänge im Gehirn bei einer Zwangshandlung werden von anderen Botenstoffen begleitet als eine Stereotypie. Aus diesem Grund werden sie in der Medizin auch unterschiedlich behandelt. Eine Verhaltensstörung äußert sich beispielsweise durch Lecken, Kauen, Beißen oder heftigen Bewegungen, die von einer plötzlichen Starre unterbrochen werden. Diese Verhaltensweisen werden durch Hormone wie Serotonin, Dopamin, Amphetamin oder Acetylcholin ausgelöst. Durch ein impulsives, stereotypisches Verhalten wird eine als unangenehm empfundene Anspannung, wie dauerhafter krankmachender Stress bei Zwingerhaltung ausgelöst.

Ein Beispiel sind Hunde, die lange Zeit in einem Zwinger lebten und zu wenig Platz zur Verfügung hatten. In vielen Fällen bekommen diese Hunde den sogenannten „Zwingerkoller". Durch fehlende Bewegung gehen Sie im Zwinger ständig im Kreis, was sich zu einer Verhaltensstörung entwickeln kann. Sie wird automatisch, reflexartig ausgeführt. Sie wird zwar bewusst erlebt, allerdings kann sie nicht willentlich ausgeführt oder beendet werden. Diese Handlung bereitet dem Hund keine

Freunde, verschafft ihm aber eine kurze Reduzierung der Anspannung.

Ein anderer Auslöser der Verhaltensstörung ist das Deprivationssyndrom. Sie ist die Folge von negativen psychischen und physischen Erfahrungen wie mangelnde Zuneigung und Pflege bei Welpen und Junghunden. Aber auch längere Isolation mit mangelndem Sozialkontakt kann zu Schäden führen.

Eine genaue Ursache für Verhaltensstörungen konnte bis heute nicht gefunden werden. Man vermutet eine Kombination von Hirnstoffwechselstörungen, Traumata, Gendefekte und anderen Faktoren.

Verhaltensstörungen behandeln

Da Tiere leider nur durch ihr gezeigtes Verhalten, mit uns kommunizieren können, ist die Medizin bei diesem Thema noch nicht besonders weit. Das Tier kann uns leider nicht mitteilen, ob es von den Medikamenten halluziniert, schlecht schläft oder in der Wahrnehmung eingeschränkt ist. Und auch nicht, ob sie helfen. Eine Behandlung mit Psychopharmaka bei Hunden ist nur selten erfolgreich, meist sogar kontraproduktiv und kostspielig. Nur wenige Tierärzte sind auf den Einsatz von diesen Medikamenten spezialisiert. Es gibt aber durchaus auch Tierärzte die eng mit Haltern und Hundetrainern zusammenarbeiten, Erfahrungen sammeln und sie auch gerne weitergeben. Ein stereotypisches Verhalten kann in Zusammenhang mit Krampfanfällen stehen. Besteht der Verdacht auf eine Erkrankung wie eine leichte Form der Epilepsie oder ähnlichem, sollte dies von einem Neurologen abgeklärt werden. Bestätigt der Neurologe den Verdacht einer Erkrankung, kann in diesem Fall die Gabe von Neuroleptika Erfolg zeigen. Verhaltensstörungen können aber auch durch antrainiertes Alternativverhalten durchbrochen werden, hier kommt es allerdings darauf an, wie ausgeprägt die Störung ist. Auf jeden Fall sollten Sie sich, nachdem körperliche Ursachen ausgeschlossen wurden, einen erfahrenden Hundetrainer an die Seite holen. Dieser bespricht mit Ihnen das Training, erstellt einen Plan und erklärt die Vorgehensweise. Um dauerhaft aus diesem Verhalten auszubrechen muss an ganzheitlicher Veränderung im Verhalten des Hundes und des Halters gearbeitet werden. Sich direkt und sofort nur an ein Symptom zu hängen, bringt wenig.

Zusammenfassung

Einen Hund zu haben, kann eine Bereicherung sein, es ist aber auch viel Arbeit. Steht das Thema im Raum, dass ein Hund einziehen soll, ist gute Vorbereitung wichtig. Es müssen vielerlei Kosten einkalkuliert werden, zum Beispiel für Impfungen, den Kauf, die Erstausstattung, eventuell nötige Tierarztbesuche und alles, was der Hund sonst noch braucht. Sie müssen sich überlegen, welchen Hund Sie möchten, beziehungsweise welcher Hund zu Ihrem Alltag und Ihnen passt. Es macht wenig Sinn einen Hund auszusuchen, der enorm viel Auslastung braucht, wenn Sie beruflich viel unterwegs sind. Davon abgesehen, sollte der Vierbeiner zur Wohnsituation passen. Haben Sie eine kleine Wohnung wäre ein Herdenschutzhund wohl nicht so passend. Allgemein gilt, bekommt der Hund genügend Bewegung, ist auch an einer Wohnung nichts auszusetzen. Allerdings würde ich dann eher zu einem Golden Retriever tendieren. Es gibt mittlerweile sehr viele verschiedene Rassen, bei der Auswahl sollten Sie sich klar sein, ob Sie sich als Anfänger, Fortgeschrittener oder Profi im Thema Hundebesitzer einordnen würden.

Hunde wollen beschäftigt werden und brauchen klare Regeln. Am besten auch einen gleichbleibenden Alltag, denn dann fühlen sich Hunde am wohlsten. Legen Sie viel wert auf eine gute Erziehung, müssen sie stets konsequent sein. Dies gilt auch, wenn Kinder mit im Haushalt leben, denn auch diese müssen lernen, dass ein Hund kein Spielzeug ist. Auf alles zu achten kann vor allem am Anfang sehr anstrengend sein. Haben Sie sich trotzdem für einen Hund entschieden, stellt sich die Frage, woher der Hund kommen soll. Tierheim, Züchter, Ausland oder Privat, die Möglichkeiten sind vielfältig. Überlegen Sie sich das gut, denn Hunde aus dem Tierheim, dem Ausland oder von Privat können eher Verhaltensauffälligkeiten zeigen als Hunde vom Züchter. Es bringt aber natürlich nichts, sich in allen Richtungen umzusehen, auch im Tierheim warten supersüße Welpen auf ein neues Zuhause. Beim Kauf eines Welpen beim Züchter, müssen Sie sich gut über den Züchter informieren. Ist er vielleicht Mitglied des VDH oder nur ein Hobbyzüchter? Wie viele Würfe hat er pro Jahr? Züchtet er mehr als eine Rasse? Haben Sie bei einem Züchter ein ungutes Gefühl, auch wenn Sie nicht genau wissen wieso, dann lassen Sie lieber die Finger davon. Ein Gesundheitszeugnis und eine Ahnentafel sind Pluspunkte für den Züchter, denn so kann er gewährleisten, dass die Hunde nach bestem Wissen gehalten und betreut werden.

Um mit seinem Hund gut arbeiten zu können, muss man wissen, wie er mit uns kommuniziert. Hunde können leider nicht in Lauten mit uns sprechen, aber versuchen uns mit ihrer Körpersprache zu signalisieren was sie möchten. Als Hundehalter ist es Ihre Aufgabe diese Sprache zu lernen und zu verstehen. Denn nur so können Sie eine wirklich gute Bindung zu Ihrem Hund aufbauen und Missverständnisse in der Kommunikation vermeiden. Ein Hund ist eine Verpflichtung von bestenfalls 10 bis 15 Jahren. Ihrem neuen Familienmitglied ist es auch egal ob sie krank sind oder ob es draußen hagelt und stürmt, er will beschäftigt werden, egal welches Wetter wir haben.

Einen Hund zu erziehen ist gar nicht so einfach, doch wenn man sich dahinter setzt und sich das nötige Wissen aneignet, macht es Ihnen, genauso wie Ihrem Hund eine Menge Spaß. Sollten es allerdings partout nicht klappen oder Ihr Hund hat unerwünschte Verhaltensweisen, die Sie nicht aus ihm rausbekommen, gibt es im Notfall noch die Möglichkeit einen Hundetrainer zu rate zu ziehen. Suchen Sie sich einen Trainer, der Ihnen nicht nur sympathisch ist, sondern auch gute Bewertungen hat und der auf jeden Fall ohne Bestrafung arbeitet. Sind alle Punkte gut durchdacht und steht die Entscheidung immer noch fest, kann der Welpe einziehen.

★★★

Herzlichen Dank für den Kauf dieses Buches und viel Freude beim Lesen wie auch Erfolg beim Durchsetzen! Hunde sind die besten Freunde des Menschen heißt es immer, doch oft genug habe ich schon erlebt, wie Hunde schlecht behandelt oder gar ausgesetzt wurden. Dieser Schritt muss nicht getan werden und man kann das Problem einfach umgehen, indem man mit seinem Hund von Anfang an eine gute Bindung eingeht. Dazu gehört keine Gewalt und auch keine Bestrafung, sondern Liebe, Zeit und klare Regeln.

Weil ich diese Botschaft unterstütze und ich so viele Menschen wie möglich erreichen möchte, bitte ich Sie darum, mir Ihre Meinung in Form einer Rezension mitzuteilen. Ich möchte Ihnen die bestmögliche Erfahrung bieten und bin deshalb unter anderem auf Ihr Feedback angewiesen. Haben Sie also Lust und Zeit, würde ich mich freuen, von Ihnen zu hören!

Mit freundlichen Grüßen,

Felix Sturm

★★★

RECHTLICHES UND IMPRESSUM

1. Auflage
Kontakt: felixsturmhundetraining@gmail.com

Vertreten durch:

Patrick Strasser
Goetheweg 3
85748 Garching bei München
Covergestaltung: Patrick Strasser
Coverfoto: Mikkel Bigandt, stock.adobe.com
Karikaturen: Christian Strasser

Printed in Poland
by Amazon Fulfillment
Poland Sp. z o.o., Wrocław

18929071R00065